Bildnachweis

Covergestaltung: Raffaele Anello, Berlin mit Illustrationen von Sanna Wandke, Hamburg (Hintergrund von ElessarDesign/ Shutterstock).

shutterstock.com: 8 o.: Rattiya Thongdumhyu; 9 o.: Olga Mazina; 9 u.: Jiri Hera; 10 o.: Komsan Loonprom; 11 o.: Rattiya Thongdumhyu; 11 M.: Everett Collection; 11 u.: Vera Larina; 14 M.: ESB Professional; 17 u.: Africa Studio; 18 M.: hlphoto; 19 o.: Claudio Rampinini; 19 M.: New Africa; 19 u.: Kishivan; 22 o.: ukmooney; 22 u.: BlueRingMedia; 23 u.: Anusorn Nakdee; 26 o.: Dmytro Ostapenko; 26 u.: Kichigin; 27 M.: alima007; 34 u.: Andrew b Stowe; 35 o.: Choksawatdikorn; 35 M.: PawelG Photo; 38 o.: Tatiana Shepeleva; 40 o.: Philip Kinsey; 40 u.l.: Celine Kwang; 40 u.M.: Choksawatdikorn; 40 u.r.: Tirtarzky; 47 o.: UGREEN 3S; 47 u.: paulista; 48 o.: KPixMining; 48 M.l.: ANUCHA cha; 48 M.r.: schankz; 52 o.l.: Kateryna Kon; 52 o.r.: Fedorov Oleksiy; 52 M.l.: GEMINI PRO STUDIO; 52 M.r.: Engineer studio; 54 M.: mdbildes; 54 u.: S_E; 55 o.: CHANUN.V; 55 u.: catshila; 56 M.: Gorodenkoff; 57 o.: Adao; 57 u.: Nerthuz; 58 o.: Kallayanee Naloka; 58 u.l.: Fahroni; 58 u.r.: Jarun Ontakrai; 59 o.l.: Nixx Photography; 59 o.r.: Dan74; 60 M.: Giuliano Del Moretto; 61 o.: nobeastsofierce; 64 o.: Aliaksei Marozau; 66 o.r.: photokup; 66 l.: ESB Professional; 67 u.: ArtCookStudio; 68 o.: Popel Arseniy; 69 u.l.: solar-seven; 69 u.r.: In The Light Photography; 71 o.: Choksawatdikorn; 71 u.: nobeastsofierce; 73 u.: Tatiana_Pink; 74 und 75: Sentavio und aurielaki; 78 o.: Kateryna Kon; 78 u.: eva_mask; 79 o.: PainterMaster; 83 u.: xiaorui; 86 u.: J J Osuna Caballero; 87 o.: AGR211; 89 o.: BioFoto; 89 u.: Olga Popova; 91 o.: Tatiana Zorina; 92 u.: Christoph Burgstedt; 94 M.: Pavel L Photo and Video; 94 u.: Teerasan Phutthigorn; Hintergrund 70-71, 88-89, 90-91, 92-93, 94-95: abyrvalg00.

Der Verlag hat sich bemüht, die Rechte sämtlicher verwendeter **Abbildungen** sowie auch **Textzitate** mit den jeweiligen Rechteinhabern zu klären. Sollten Rechteinhaber berechtigte und nachweisbare Ansprüche anmelden wollen, bitten wir um Kontaktaufnahme mit dem Verlag.

Die in diesem Buch präsentierten **Informationen und Sachtipps** wurden von der Autorin sowie dem Verlag sorgfältig recherchiert und geprüft. Die beteiligten Institutionen und Personen übernehmen dennoch keinerlei Verantwortung für eventuelle Folgen der Verwendung dieser Informationen und Sachtipps. Für Hinweise auf eventuelle Unrichtigkeiten ist der Verlag dankbar.

Konzept und Text: Isabel Dencker
Illustrationen: Sanna Wandtke, Hamburg
Layout-Konzeption: Raffaele Anello, Berlin
Layout und Typographie: Luca Caratozzolo, Berlin
Druck und Bindung: NEOGRAFIA, a.s., Martin-Priekopa
Printed in: Slovakia

FSC MIX Papier aus verantwortungsvollen Quellen FSC® C020353 www.fsc.org

ISBN: 978-3-96808-008-6

Nachdruck	Druckjahr
5 4 3 2 1	2025 2024 2023 2022 2021

ISABEL DENCKER

Verborgene Welt des MIKROKOSMOS

Illustrationen
SANNA WANDTKE

Sophie Verlag

INHALT

DIE SCHIMMELDOSE

„Uuweeeh, was ist das denn!?"
Die Kinder schauten angewidert auf eine Brotdose, die ihre Mutter mit ratlosem Gesicht in den Händen hielt. Darin befand sich ein völlig verschimmeltes Brot mit Käse.
„Das hab ich gerade hier vor der Tür gefunden, zusammen mit diesem Kärtchen hier:

Nur ein Pilz kann wacker retten,
wo andere die Waffen strecken."

... las sie vor und starrte für einen Augenblick auf die sonderbaren Zeilen. Dann drehte sie das Kärtchen um, doch die Rückseite war leer.
„Keine Unterschrift, kein Absender!"
„Und wer hat das abgegeben?"
„Ich habe niemanden gesehen."
„Was soll denn das bedeuten? Ist das eine verschlüsselte Nachricht, oder so?", fragte Lara zögernd.
„Ich weiß es nicht", sagte die Mutter etwas gereizt. „Ich weiß nur, dass ich schon spät dran bin und mich jetzt wirklich nicht damit beschäftigen kann. Macht euch einen schönen Tag, ihr habt ja noch Ferien!"
Damit stellte sie die Brotdose auf den Tisch am Eingang und verließ das Haus.

Nur ein Pilz kann wacker retten,
wo andere die Waffen strecken.

RÄTSEL IN DER DOSE

SPANNENDER PILZ

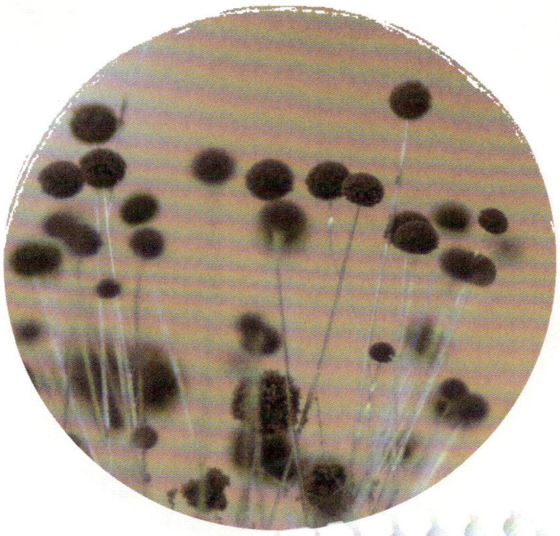

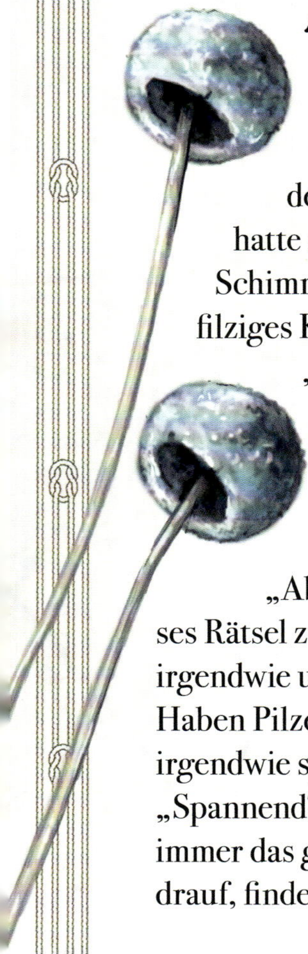

Als Luca und Lara die Tür hinter ihrer Mutter geschlossen hatten, nahm Lara die Brotdose zur Hand, öffnete sie und schaute sich den Schimmel genau an. Luca drehte sich der Magen um. In der gesamten Brotdose hatte sich ein pelziges Geflecht von feinstem Schimmel ausgebreitet, das ihn entfernt an filziges Katzenhaar erinnerte.

„Das ist eklig, Lara!“, sagte er und wandte sich angewidert ab.

„Mach das schnell wieder zu! Wenn man Sporen von Schimmel einatmet, kann man davon krank werden.“

„Aber wir könnten Mama doch helfen, dieses Rätsel zu lösen! Offensichtlich geht es hierbei irgendwie um Pilze und Schimmel. Aber warum? Haben Pilze was mit Schimmel zu tun? Schon irgendwie spannend, oder?“

„Spannend?!“, fragte Luca abfällig. „Wer auch immer das geschickt hat, ist ziemlich komisch drauf, finde ich.“

Sporen

In den feinen schwarzen Sporenbehältern befinden sich die Sporen des Schimmels. Sind sie reif, platzt der Behälter und die Sporen fliegen durch die Luft, um sich irgendwo niederzulassen und neuen Schimmel zu bilden.

„Ja sicher, aber wir haben hier Schimmel und einen Zettel, auf dem was von Pilzen steht. Also muss es eine Verbindung geben. Und außerdem: Woher kommt der Schimmel überhaupt? Wie oft haben wir ein Pausenbrot vergessen, das dann in der Dose verschimmelt ist, obwohl sie geschlossen war? Das bedeutet doch, dass das – was schimmelt – schon in dem Brot war, bevor die Dose geschlossen wurde, oder nicht?“

„Hm, du hast recht“, stimmte er nachdenklich zu.

GUTER UND SCHLECHTER SCHIMMEL

Und dann gibt es ja auch noch guten Schimmel – im Schimmelkäse!“, grinste Lara.
„Stimmt. Es gibt guten und schlechten Schimmel. Überhaupt wird Käse doch auch irgendwie mit so etwas gemacht, oder? Mit Schimmel – oder waren es Bakterien?“, überlegte Luca weiter.
„Und Hefe ist auch so was Komisches – Lebendiges“, sagte Lara. „Hm, darüber würde ich jetzt ja echt gern mehr herausfinden, aber wie? – Ich hab’s! Im Museum sind solche Sachen ausgestellt.“
„Aber das ist geschlossen – wegen eines Wasserrohrbruchs. Mama und Tante Sarah waren mega genervt deswegen. Seltsamerweise wurde nur der Teil der Ausstellung beschädigt, den sie gemeinsam im Labor lange vorbereitet hatten.“
„Merkwürdig! Und nun noch diese Schimmeldose für sie!?“

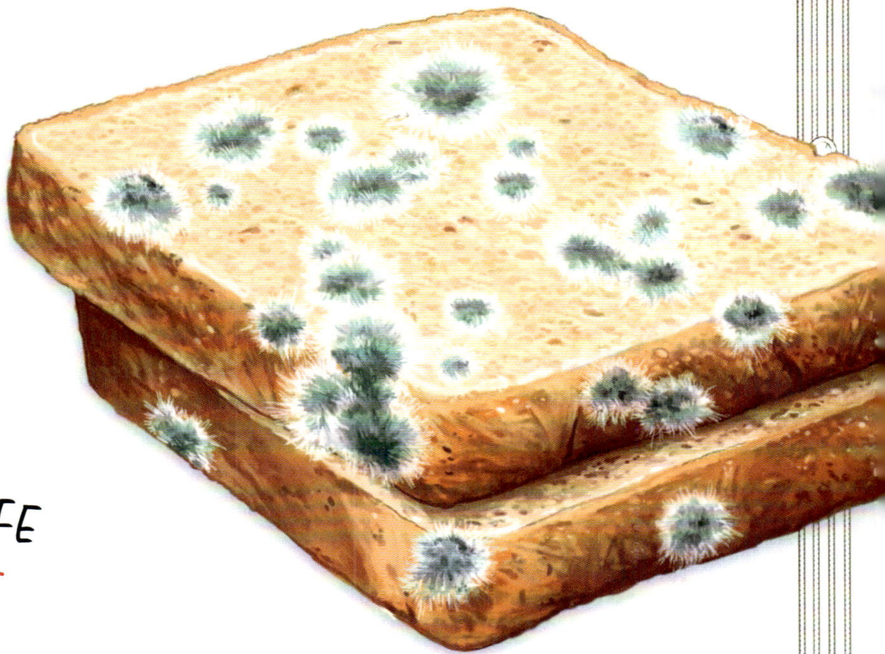

„Hey, was sind denn das für verdrießliche Gesichter?“ Es war die Großmutter, die überraschend in der Haustür stand.
„Guten Morgen, Ömchen!“, rief Lara und warf sich ihr in die Arme. „Luca und ich wollten ins Museum gehen, aber es ist geschlossen.“
„Hm, wolltet ihr denn dort etwas Bestimmtes anschauen?“
„Ja“, erwiderte Luca. „Wir wollten etwas über Schimmel und Pilze herausfinden.“
„Schimmelpilze, so so. Na, da könnte ich ja erstmal mit einem Mikroskop aushelfen, das verrät schon vieles. Kommt doch beide später mal zu mir rüber.“

OMAS MIKROSKOP

Am Nachmittag führte die Großmutter die beiden Geschwister in ihr winziges Arbeitszimmer. Auf einem Tisch standen ein modernes Mikroskop sowie eine antike Holzkiste, in der sich allerlei Utensilien zum Mikroskopieren befanden.
„Ich habe hier auf diesen Objektträgern, so nennt man diese kleinen Glasplättchen, schon mal etwas vorbereitet", sagte die Großmutter und schob eine Probe auf den Objekttisch des Mikroskops.
„Ach, wenn euer Großvater das noch erleben könnte! Er war lange Techniker bei einer großen Firma, die Mikroskope herstellte, und dieses Mikroskop hier, hat er mitentwickelt."

„Und das kleine Goldene dort?", fragte Luca und deutete auf ein viel kleineres Mikroskop unter dem Fenster, das sehr alt aussah.
„Gehörte eurem Urgroßvater. Es ist über 100 Jahre alt und von derselben Firma. Übrigens dasselbe Modell, mit dem der berühmte Arzt Robert Koch 1892 in Hamburg die Cholerabakterien im Trinkwasser entdeckte. Damit machte er den Weg frei für die Bekämpfung der damals tödlichen Durchfallerkrankung. So, nun schaut her.

Robert Koch
(1843–1910)
Er war ein deutscher Arzt, der als einer der Mitbegründer der Mikrobiologie und Bakteriologie gilt. Er erforschte zahlreiche Krankheitserreger und erhielt dafür einen Nobelpreis.

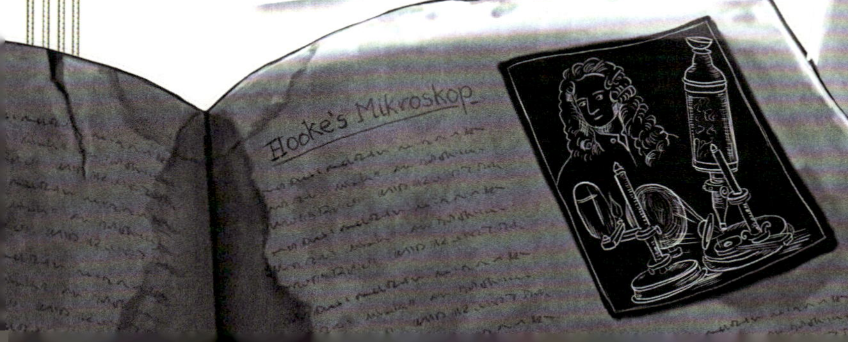

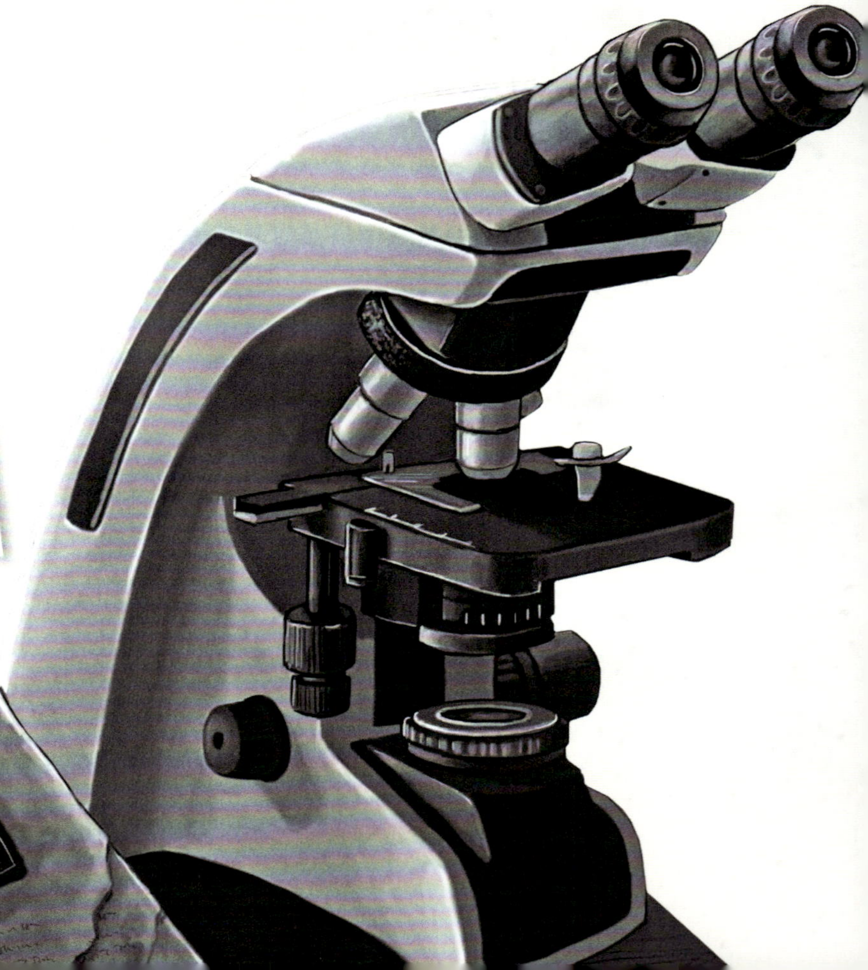

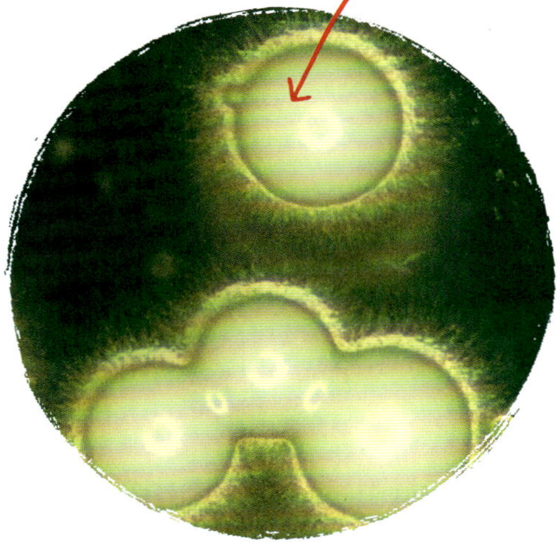

Louis Pasteur

(1822–1895)

Bedeutende Entdeckungen in der Mikrobiologie gehen auf den Franzosen Louis Pasteur zurück. Er konnte nachweisen, dass Keime die Ursache für viele Krankheiten sind. Er entdeckte auch, dass Hefe – die schon seit den alten Ägyptern bekannt ist – zu den Pilzen gehört. Das Pasteurisieren, ein Verfahren zum Haltbarmachen der Milch, ist nach ihm benannt.

Ihr wolltet ja mehr über Schimmel und Pilze wissen, richtig? Die gehören zusammen, weil Schimmel ein Pilz ist."
„Hast du deswegen heute Vormittag Schimmelpilz gesagt?", warf Luca ein.
„Ja, genau. Ich habe hier einige Exemplare. Das ist tatsächlich Schimmelpilz. Beachtet die Sporen in der Vergrößerung."
„Seltsam – unter dem Mikroskop sieht das gar nicht mehr so eklig aus", bemerkte Luca.
„Stimmt, man taucht in eine ganz andere Welt ein. Schaut auch mal diese Probe an. Das ist normale Bierhefe, auch eine Pilzart."
„Hefe – es ist Ewigkeiten her, dass wir Pizza gemacht haben!", rief Lara. „Huch! Das sind ja ganz viele kleine kugelige Dinger!"

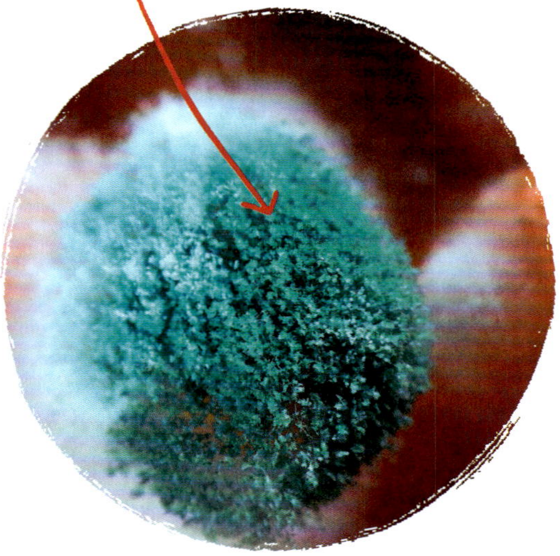

„Ja, tatsächlich scheinen sie mit einem flauschigen Schimmelpilz wenig gemein zu haben, stimmt's? Warum wollt ihr eigentlich etwas darüber wissen?", fragte die Großmutter.
Darauf erzählten ihr die Kinder von der Dose mit dem verschimmelten Brot und dem Spruch auf dem Kärtchen.
„Das ist tatsächlich eine sehr seltsame Geschichte! Sehr unappetitlich!"
„Stimmt, aber über diesen Geschichten mit Pilzen und Hefe habe ich trotzdem einen Bärenhunger bekommen!", sagte Luca.
„Ich könnte euch ja heute Abend zu einer Pizza ausführen, was denkt ihr?"
„Wir sind dabei!", antworteten die Kinder im Chor.

KLEINE HELFERLEIN

Am Abend in der Pizzeria lachte der Inhaber Giovanni über den außergewöhnlichen Grund ihres Kommens: „Ahhh, die Hefe in der Pizza hat euch heute zu mir geführt. Die Bierhefe, die ich für meine Pizza nutze, hole ich immer von unserer Stadtbrauerei, wie früher. Eine gute Pizza will glückliche Hefepilze – es sind ja schließlich auch Lebewesen!"

Er grinste augenzwinkernd und schickte etwas Pizzateig mit einer gekonnten Drehbewegung in die Luft. Als er ihn wieder aufgefangen hatte und auf der Arbeitsplatte bearbeitete, begann er zu schwärmen: „Wisst ihr, Pilze sind ganz erstaunliche Organismen. Es gibt sie schon sehr lange – sie existierten schon vor den Dinosauriern."

INDIZIENSUCHE

„Wieso wissen Sie so viel über Pilze, Giovanni?", fragte die Großmutter.
„Weil ich Biologie studiert habe."
„Pilze verfolgen uns heute, Giovanni", flötete Lara und erzählte von der Dose mit dem verschimmelten Brot und auch von dem mysteriösen Wasserrohrbruch im Museum.

„Oh, und während des Tages ist noch etwas passiert", flüsterte die Großmutter. „Eure Tante Sarah rief vorhin an. Heute Morgen hat jemand versucht ins Büro des Museumsleiters einzudringen. Vor seiner Bürotür wurden mysteriöse Schleimspuren gefunden sowie eine weitere seltsame Nachricht. Die ging so:

„Klingt wie ein Rätsel!", grübelte Giovanni.
„Wurde der Schleim untersucht?"
„Sarah meinte, die Substanz hätte sie an Amöben erinnert", sagte die Großmutter."
„Was sind Amöben?", fragte Luca.
„Winzige Tiere, die aussehen wie ein Klecks Haargel und Bakterien fressen!", erklärte Giovanni.
„Aber meine Töchter beschäftigen sich hauptsächlich mit Bakterien, Amöben interessieren sie nur am Rande", entgegnete die Großmutter.
„Hm, ich fürchte, da will ihnen jemand Probleme bereiten", mutmaßte Giovanni. „Haben sie vielleicht einen neidischen Kollegen? Könnte es um ein Forschungsprojekt in diesem Bereich gehen?"

Pilze im Käse, im Boden und Brot
helfen sicher auch – gegen vielerlei Not.

EINE AMÖBE FRISST EIN BAKTERIUM

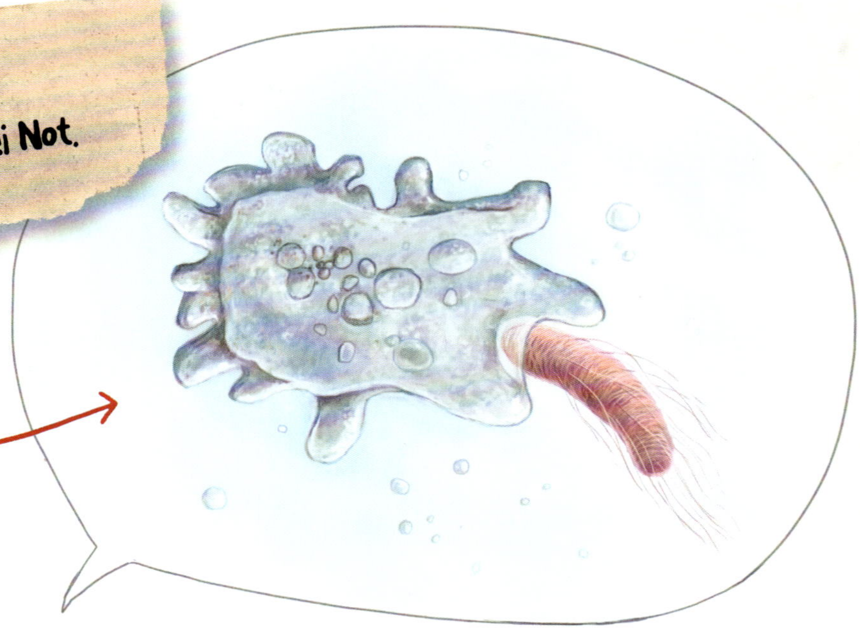

Amöben

Die meisten Amöbenarten sind nicht größer als 1 Millimeter. Sie kommen in allen Lebensbereichen vor, einige sogar im ewigen Eis des Nord- und Südpols und in Gletschern. Sie sind generell harmlos, können aber auch Krankheiten verursachen.

„Ja, sie arbeiten an einem neuem Projekt – dafür müssen sie extra Forschungsgelder beantragen“, nickte die Großmutter.
„Die ersten Ergebnisse ihrer Forschung hatten sie ja schon im Museum ausgestellt“, fügte Luca hinzu.
„Und diese Ausstellung ist beschädigt worden – das ist es! Ich fürchte Kinder, eure Mutter und Tante werden gerade Opfer von Sabotage. Jemand will verhindern, dass sie ihr Forschungsgeld bekommen!“

„So eine Gemeinheit! Dann müssen wir so schnell wie möglich herausfinden, wer dahintersteckt!“, entschied Lara verschwörerisch.
„Brava!“, stimmte Giovanni zu. „Fassen wir die Indizien nochmal zusammen: Schimmelbrot – Pilze, die Leben retten – Schleim, vielleicht Amöben – nützliche Pilze in Nahrungsmitteln und in der Erde.“

DIE INDIZIEN

1. SCHIMMELBROT

2. PILZE, DIE LEBEN RETTEN

3. SCHLEIM, VIELLEICHT AMÖBEN

4. NÜTZLICHE PILZE

„Ich glaube, wenn ihr eurer Mutter helfen wollt, müsst ihr ganz schnell viel über Mikroben, also kleinste Lebewesen in der Nahrung und in der Erde lernen. Dafür solltet ihr eine Fahrradtour zu meinem Freund Harry machen – er ist Biobauer und weiß alles darüber.“
„Oh ja!“, begeisterte sich Luca. „Macht der auch selber Käse?“
„Ja, das wird er euch sicher gerne zeigen.“

AUF DEM BIOHOF

ALLES KÄSE

Gleich am nächsten Morgen radelten die Kinder zusammen mit ihrer Großmutter zum Biohof. „Giovanni hat uns erzählt, dass für Käse auch Schimmel verwendet wird!", erzählte Lara besorgt, nachdem sie die Fahrräder abgestellt und sich mit Harry bekannt gemacht hatten.
„Ha, ja und auch mit verschiedensten Bakterien! Aber kommt doch hier herein, dann zeige ich euch, was dahinter steckt", lachte Harry und führte die drei in ein Nebengebäude seines Bauernhofes.
„Hier drin mache ich Käse. Dort in den Bottich kommt die Milch. Die erwärme ich kurz und töte damit Bakterien, die ich nicht haben will.
Den Trick mit dem Erwärmen hat ein französischer Forscher namens Pasteur herausgefunden, daher heißt das Prinzip Pasteurisieren. Das kennt ihr von der Milchpackung, da steht immer *pasteurisiert* drauf, stimmt's?"

Je stärker mit der Käseharfe gearbeitet wird, umso härter wird der Käse.

„Nach dem Erwärmen der Milch füge ich meine kleinen Helferlein hinzu. So nenne ich die Bakterien, die eigentlich *Streptococcus thermophilus* und *Lactobacillus* heißen. Außerdem ist zur Käseherstellung noch das Kälber-Lab wichtig, eine Substanz, die aus Kälbermägen gewonnen wird. Für manche Käsesorten brauche ich zusätzlich Pilze, zum Beispiel *Penicillium candidum*, um Brie weiß überwachsen zu lassen, oder *Penicillium roqueforti* für einen grünen, grasigen Schimmel im Blauschimmelkäse. "
„Bakterien, Schimmel und Kälbermagen – richtig appetitlich hört sich das für mich nicht an", rümpfte Luca die Nase.

„Nur wenn du diese Lebewesen als etwas Schlechtes ansiehst. Denn das sind sie gar nicht, ganz im Gegenteil. Jeder Mensch hat etwa zwei Kilogramm verschiedenster Bakterien in seinem Körper, und viele davon haben wichtige Aufgaben. In deinem Darm zerlegen Bakterien schwer verdauliches Essen, wie zum Beispiel Bohnen. Sie können die schwierigen Verbindungen auseinanderbauen. Dabei entsteht allerdings ein Gas, das dich pupsen lässt."
Lara musste lachen: „Wie peinlich! Das ist aber fies von den Bakterien! Na ja, aber immer noch besser als Bauchschmerzen."

Milch-verbrauch

Für ein Kilogramm Hartkäse werden etwa 13 Liter Milch verarbeitet.

„Und was machen die Bakterien mit der Milch ganz genau?", wollte Luca wissen.
„Die Bakterien verändern die Bestandteile der Milch, sodass sie flockig wird. Das Lab sorgt dafür, dass die Milch dabei nicht sauer wird. Sie trennt sich dann in dünnflüssige Molke und eine feste Masse, die man Dickete nennt. Um die Dickete zu zerkleinern, wird sie mit einem riesigen Kamm durchzogen. Dieser Käsebruch wird in Formen gepresst, die meist rund sind. Nach einem Bad in Salzlake, einem Gemisch aus Wasser und Speisesalz, das vor schädlichen Bakterien schützt, können die jungen Käselaibe reifen."
„Und wie kommen die Schimmelpilze auf den Käse?", fragte Luca interessiert.

PILZE AUF UND IM KÄSE

Der Brie wird nach etwa einer Woche Reifezeit mit der Schimmelkultur besprüht. Das sind spezielle Edelschimmel, die den Brie dann allmählich an der Oberfläche komplett überwuchern. Der Blauschimmelkäse aber schimmelt von innen. Dafür wird der sogenannte Blauschimmelpilz schon dem Käsebruch zugegeben. Während der Reifung werden dann Löcher in die festen Laibe gebohrt. In diesen Luftlöchern bildet sich neuer Blauschimmel."
„Ok, die Bakterien und das Lab bringen die Milch dazu, sich in Käse umzuwandeln. Aber wozu sind die Schimmelpilze gut, was machen die im Käse?", fragte Lara.

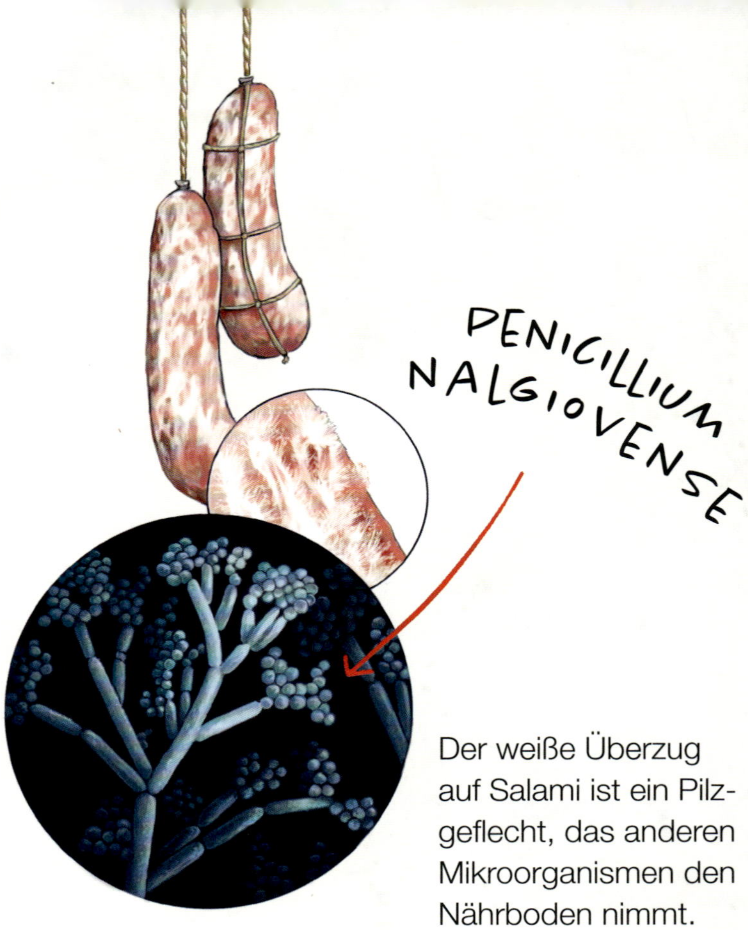

Der weiße Überzug auf Salami ist ein Pilzgeflecht, das anderen Mikroorganismen den Nährboden nimmt.

„Vor langer Zeit wurde zufällig entdeckt, dass diese bestimmte Art Schimmelpilz dem Käse nicht nur einen würzigen Geschmack verleiht, sondern ihn auch konserviert. Deswegen lässt man auch Salami mit einem Pilzgeflecht überwachsen."
„Sehr praktisch – und besser als Plastik als Schutzhülle! Schon toll diese Pilze!", meinte Lara.
„Trotzdem solltet ihr bitte alles im Kühlschrank aufbewahren. Und separat, denn auf anderen Lebensmitteln soll der Pilz ja nicht wachsen."
„Kommt deswegen auch Hefe ins Brot, um es haltbar zu machen? Hefe ist doch auch Schimmel, oder?"
„Hefe ist noch etwas anderes, kommt mal mit rüber in die Backstube."

Käsevielfalt

Es gibt viele unterschiedliche Käsesorten. In allen haben Bakterien ihre Arbeit verrichtet. Bei manchen werden außerdem Pilze eingesetzt. Schimmelpilze sorgen für einen kräftigen Geschmack oder bilden einen schützenden Überzug.

LECKEREIEN DURCH HEFE

Hefe ist kein Schimmelpilz, sondern eine andere Pilzart. Im Brotteig wandelt sie Stärke in Alkohol und Gas um und bläht den Teig damit auf. Durch die Aktivität von Hefe entstehen viele andere Leckereien: ein Stück von *Candida kruseis* Arbeit gefällig?", lachte er und bot den dreien auf einem Teller etwas Schokolade an.
„Wieso, was hat denn Schokolade mit Pilzen zu tun?"

Ohne Hefe gäbe es auch keine Schokolade.

„In der Schale vieler Früchte, auch der der Kakaofrucht, sitzen Hefepilze. Hier zersetzen sie den Zucker im Fruchtfleisch zu Alkohol und Gas. Und das ist übrigens ziemlich schlau von der Hefe. Sie nimmt dadurch den anderen Mikroorganismen die Luft zum Atmen. Außerdem ist der Alkohol für die meisten Bakterien giftig. So hat die Hefe alle Nährstoffe der Frucht für sich und die anderen Mikroorganismen verhungern oder ersticken."
„Ist ja verrückt!", entfuhr es Luca. „Also sind Pilze nützlich, weil sie immer etwas zersetzen?"
„Genau, sie sind mit den Bakterien unsere wichtigsten Verbündeten auch in der Landwirtschaft. Lasst uns mal raus aufs Feld gehen!"

Bierhefe

wurde früher vom Bier abgezogen und zum Backen benutzt. Sie versteckte sich in den Ritzen der Bierbottiche, bis man ihr auf die Schliche kam und sie von da an bewusst einsetzte. Heute wird Hefe in Fabriken hergestellt.

Im Erdreich leben unglaublich viele kleine Tiere. Sie alle haben die wichtigste Aufgabe der Welt: Sie müssen aufräumen, also abgestorbene Pflanzen und Tiere zerlegen und deren Bestandteile für neues Leber wiederverwertbar machen.

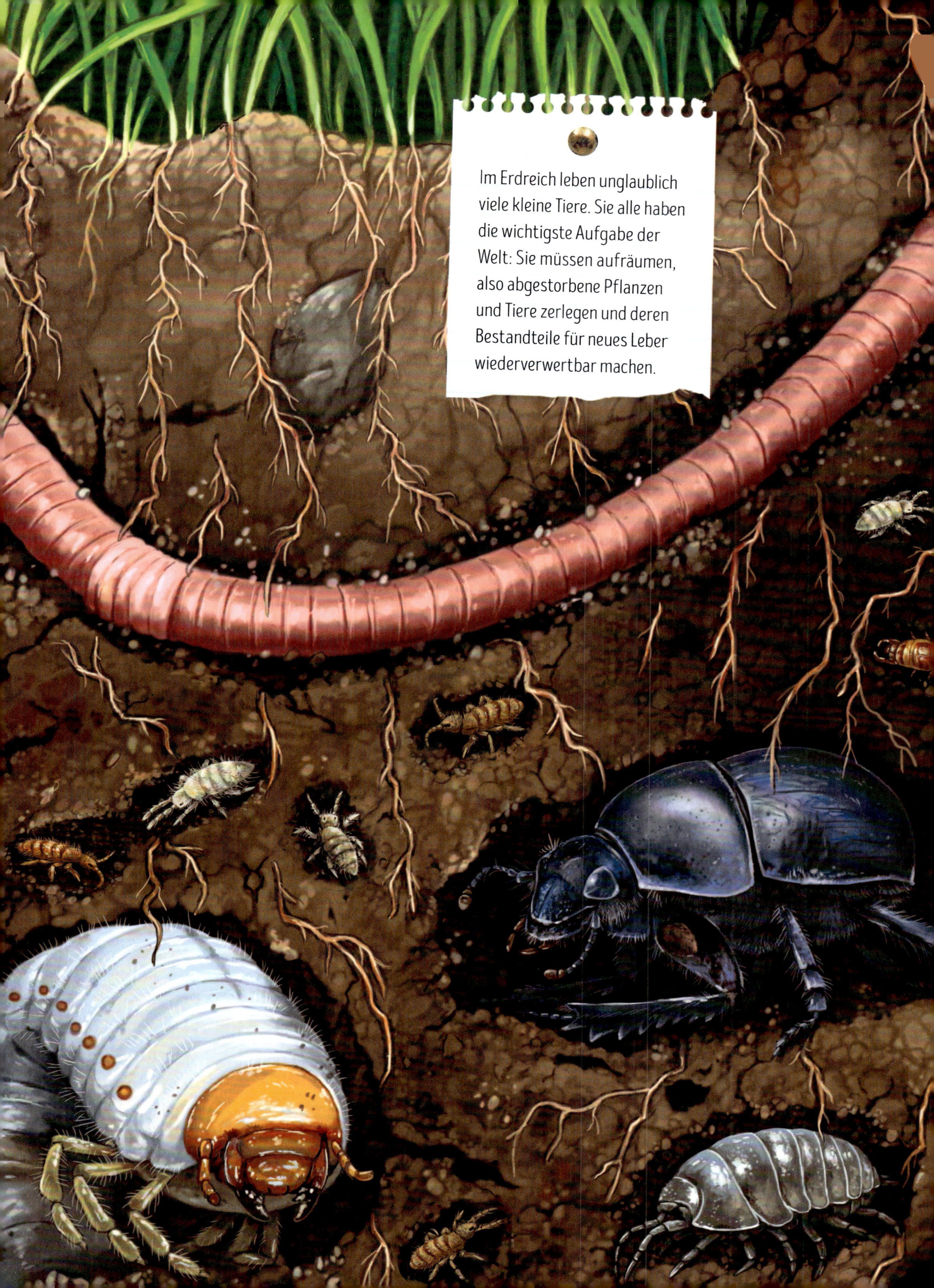

AUF DEM APFELFELD

ERDBEWOHNER

Harry nahm ein Tablett mit zwei leeren Gläsern und so gingen sie über den Hof hinaus auf die Apfelfelder. Zwischen den dichten Reihen aus Apfelbäumen hockte er sich hin und schaufelte vorsichtig einen kleinen Haufen der schwarzfeuchten Erde auf das Tablett. Eilig versuchte ein Steinläufer sich aus dem Staub zu machen. Aber Harry stülpte schnell ein Glas über ihn. Ein Tausendfüßler rollte sich platt zusammen und stellte sich tot. Regenwurm, Ohrenkneifer und Kellerassel suchten unter einem Blatt nach Deckung. Nur eine mutige Ameise schien diesem unerwarteten Umzug auf den Grund gehen zu wollen und kundschaftete das ganze Tablett genau aus, ohne fliehen zu wollen.

Humus

Humus bildet die oberste Bodenschicht. Seine Zusammensetzung bestimmt, wie fruchtbar die Erde ist und was besonders gut in ihr wächst. Er entsteht immer wieder neu aus Tier- und Pflanzenresten, die Tierchen und Bakterien im Boden fressen und zersetzen.

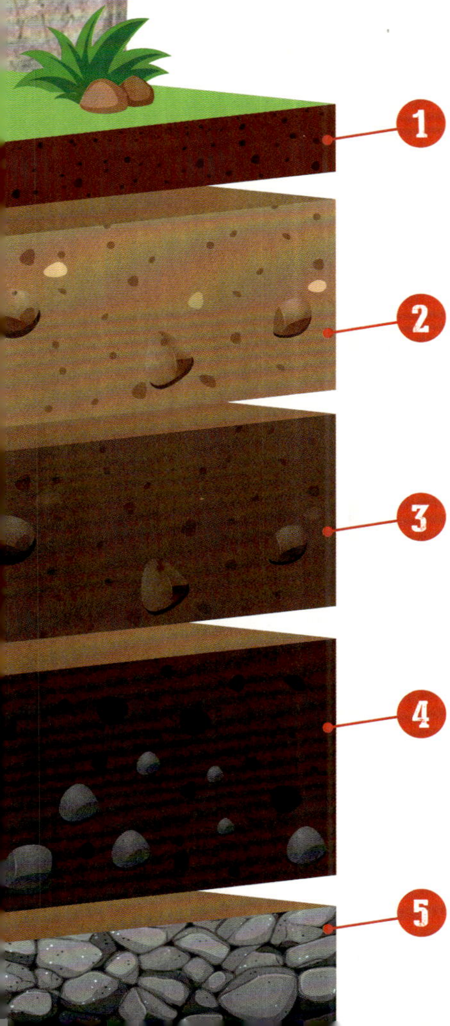

1 *Humusschicht*
2 *obere Bodenschicht*
3 *untere Bodenschicht*
4 *Grundgestein*
5 *Felssohle*

„Wie ihr seht – und dies hier sind nur die Großen, leben im Erdreich unglaublich viele Tiere. Sie alle haben eine der wichtigsten Aufgaben der Welt: Sie sind unsere natürliche Müllabfuhr.
Die größeren Tierchen, wie Regenwürmer, Tausendfüßler und Asseln, fressen Pflanzenreste und, zum Beispiel die Ohrenkneifer, auch kleinere Insekten. Der Kot dieser Tierchen wird zusammen mit Sand und Pflanzenresten zu Humus."

Auch der Mistkäfer gehört zur Müllabfuhr: Er formt aus Kot Bällchen und rollt sie als Nahrung zu seinem Nest.

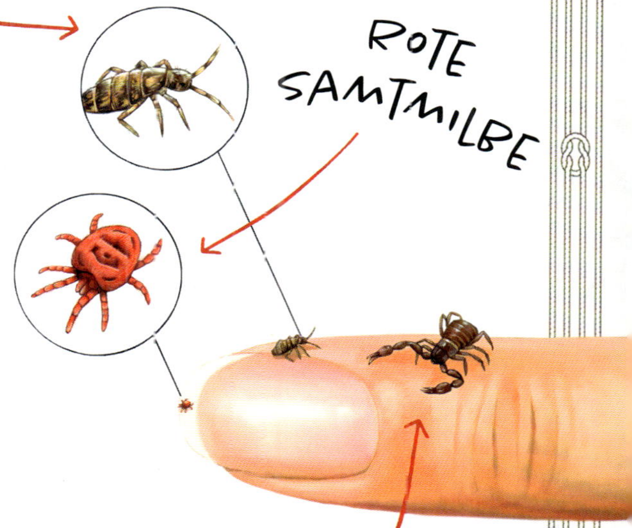

„Kommen wir zu den nächst kleineren Tieren, den Springschwänzen, den Pseudoskorpionen und den Roten Samtmilben, die wie kleine Plüschtiere aussehen, aber echte Raubtiere sind. Sie jagen nämlich Läuse", zwinkerte er Lara zu, die ganz erschrocken schaute.

„Und das Ganze geht ja noch kleiner weiter, denn jetzt kommen wir zu den kleinsten Lebewesen, den Rädertierchen und Fadenwürmern, den Pilzen, den Algen und schließlich den Bakterien. Hier kommen wir in den Mikrometerbereich, das heißt diese Lebewesen sind so klein, dass man sie mit bloßem Auge nicht mehr erkennen kann. Trotz ihrer Winzigkeit sind sie die Wichtigsten von allen bei der natürlichen Müllabfuhr. Sie recyceln, direkt vor Ort abgestorbene Pflanzen und Tiere, das heißt sie zersetzen sie in ihre kleinsten Bausteinchen."
„Wie meinst du das?", fragte Lara neugierig.

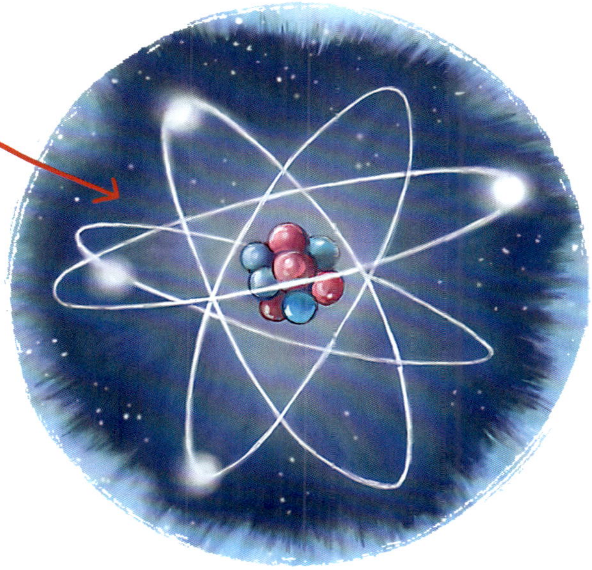

Atome setzen sich zu Molekülen zusammen. Wasser zum Beispiel besteht aus zwei Wasserstoffatomen und einem Sauerstoffatom.

„Alle Dinge dieser Welt bestehen aus kleinsten Bausteinen, den Atomen verschiedener Elemente, wie Eisen, Gold oder Sauerstoff. Je nachdem welche du zusammensetzt und wie, entsteht etwas anderes."
„So, wie mit verschiedenen Legosteinen?"
„Genau! Die Grundstruktur alles Lebenden, also der Pflanzen und Tiere, ist aus den Elementen Kohlenstoff, Wasserstoff, Stickstoff und Sauerstoff gemacht. Puzzelst du sie zusammen, entstehen Moleküle."

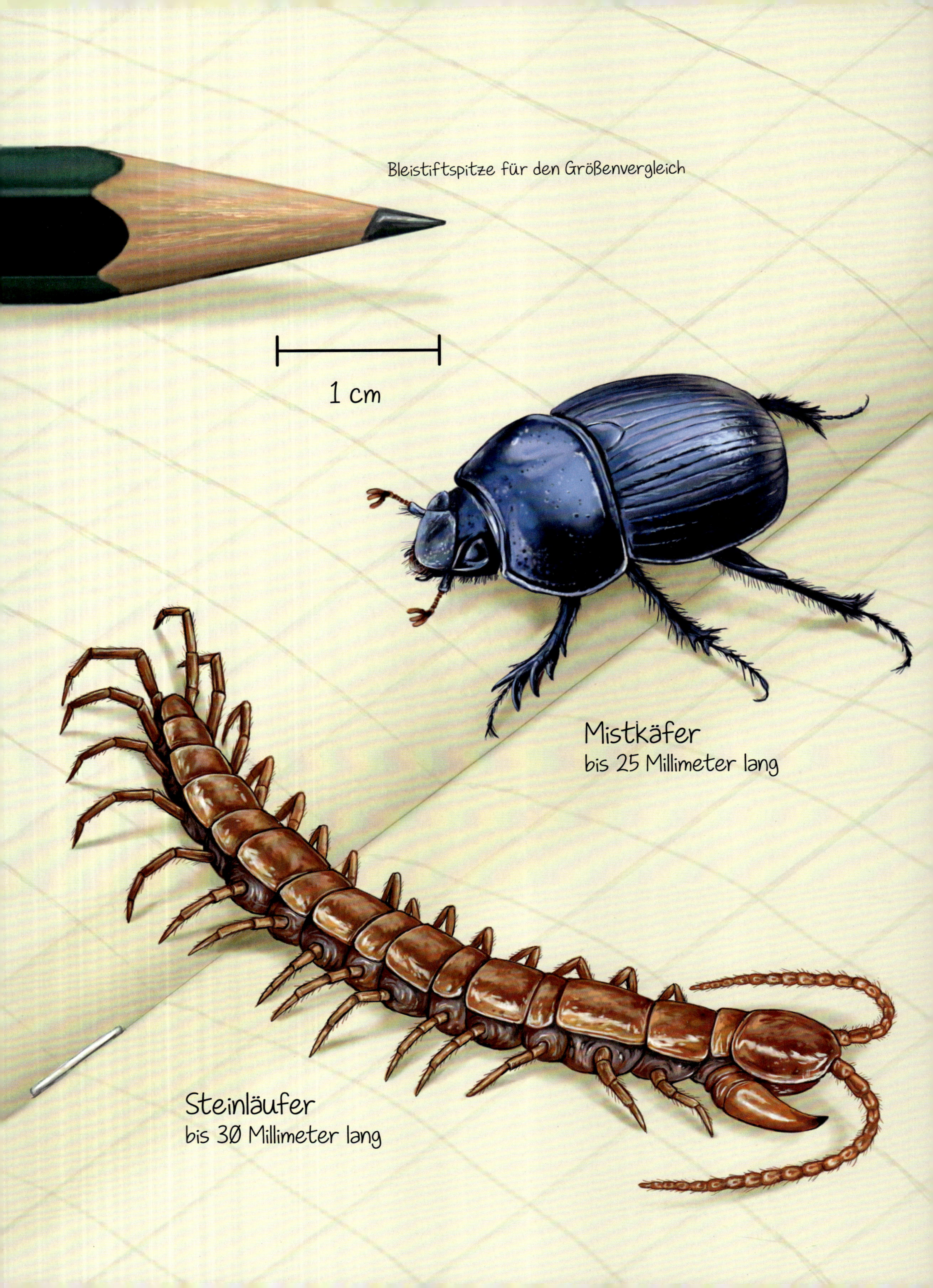
Bleistiftspitze für den Größenvergleich
1 cm
Mistkäfer
bis 25 Millimeter lang
Steinläufer
bis 30 Millimeter lang

RIESEN UND ZWERGE IM MIKROKOSMOS

Grüne Apfelblattlaus
bis 2,2 Millimeter lang

Rote Samtmilbe
bis 4 Millimeter lang

Springschwanz
bis 5 Millimeter lang

Kellerassel
bis 13 Millimeter lang

Bücherskorpion
bis 4,5 Millimeter lang

Schwarze Wegameise
bis 5 Millimeter lang

Ohrenkneifer
bis 20 Millimeter lang

Bioisolierung

Pilze als Isolierung? Ja – das geht! Das Geflecht der unterirdische Pilzfäden (Myzel) die im Biomüll wachsen, bildet mit dem Untergrund ein festes Material, das im Ofen getrocknet, zerhackt und gepresst zu einem umweltfreundlichen Ersatz für Styropor und Spanplatten wird.

ATOME WIE LEGOSTEINE

Das bedeutet, wenn jetzt Blätter zu Boden fallen, werden sie von den größeren Tierchen gefressen und zu Humus umgeformt. Pflanzenreste werden dann von Bakterien und Pilzen in ihre Bestandteile zersetzt, sie nehmen also die Legosteine auseinander, richtig so?", fasste Luca zusammen.

„Genau, und wenn auf dem Humus dann eine neue Pflanze entstehen soll, saugt sie mit dem Wasser die Bausteinchen im Boden ein und setzt eins hierhin und das andere dort hin, sodass die Pflanze immer größer wird."

„Und wie machen die Pilze das? Also, ich meine das Auseinandernehmen? Sie haben ja keine Hände!"

„Super Frage! Die Pilze spritzen eine Flüssigkeit in das, worauf sie wachsen wollen. Diese Substanz wirkt wie viele kleine Zangen und lockert die Verbindungen zwischen den Bausteinen. Der Pilz saugt diese Flüssigkeit mit den gelösten Bausteinchen wieder auf und verwertet sie zum Wachsen."

„Was alles in so einem Champignon steckt!", bemerkte Lara bewundernd.

„Tja, und der Fruchtkörper über der Erde ist nur ein kleiner Teil, den der Pilz zur Vermehrung bildet. Der Hauptteil ist ein unterirdisches Geflecht von Ranken – Hyphen heißen die. Die Gesamtheit aller Hyphen nennt man dann Myzel."

Pilzzüchter

Blattschneiderameisen züchten Pilze! Sie zersägen Blätter und bringen sie in ihre Nester. Dort werden die Blätter zerkaut und gelagert. Auf diesem Brei wächst ein Pilz, von dem die Ameisen einen Teil ernten und verzehren.

Ein Pilz bläst seine Sporen in die Luft.

PFLANZENSCHÄDLINGE

Das ist ja wirklich spannend und ich dachte immer, dass Schimmel für die Natur so etwas ist, wie Viren für uns", meinte Luca.

„Das können sie auch sein! Es gab in den 1840-iger Jahren die sogenannte Kartoffelfäulnis. Eine Pilzart ließ alle Kartoffeln verfaulen. In Irland war das besonders schlimm, es verhungerten viele Menschen."

„Es gibt aber tatsächlich auch Viren, die Pflanzen angreifen!", ergänzte die Großmutter. „Solche Pflanzenkrankheiten und die Probleme, die durch sie für die Menschen entstehen, sind der Grund, weswegen Pflanzenschutzmittel entwickelt wurden."

„Die bringen nur das Problem mit", setzte Harry fort, „dass sie auch viele unserer Helferlein vergiften, und nicht nur die. Auch die fliegenden Insekten, die wir für die Bestäubung vieler Pflanzen brauchen, leiden unter den Pestiziden und dadurch auch die Vögel und Fledermäuse. Deswegen versuchen wir Biobauern, wieder mit möglichst wenig Chemie auszukommen. Wenn alle eure Fragen soweit beantwortet sind, müsste ich wieder an die Arbeit. Ihr könnt über die Wiese hier zurückgehen. Dort hinten ist ein kleiner See, vielleicht habt ihr ja Lust zu baden."

Pestizide

Pestizid kommt vom lateinischen Wort *pestis* und bedeutet *Seuche*. Pestizide sollen Pflanzen vor Schädlingen aller Art schützen. Leider sind sie aber auch für viele nützliche Tiere im Boden und in der Luft schädlich.

KARTOFFELN MIT PILZKRANKHEIT

Viren können auch Pflanzen angreifen. Der Mensch hat Mittel entwickelt, um das zu verhindern. Wenn Pflanzen damit eingesprüht werden, sind sie vor Befall geschützt.

AM SEE

Lara, Luca und die Großmutter schoben ihre Fahrräder über die Wiese zu dem kleinen See. Er lag direkt an einer Felswand und war dicht von alten Trauerweiden umsäumt, deren Äste tief über dem Wasser hingen. Das Wasser war zum Teil von einem grünen Teppich aus Algen überzogen und die Kinder waren unschlüssig, ob sie tatsächlich darin baden sollten.
Also packten sie zunächst ihr Picknick aus, setzten sich damit ans Ufer und ließen nur ihre Beine ins Wasser baumeln.

„Vor Algen braucht man wirklich keine Angst zu haben", sagte die Großmutter, „es sind friedliche Lebewesen. Vorsicht ist aber immer gut, denn mit bloßem Auge könnte ich die vielfach nützliche und essbare Chlorellaalge nicht von den Blaualgen unterscheiden, die eigentlich Bakterien sind und schädliche Gifte freisetzen können."
„Kann man die unter deinem Mikroskop unterscheiden?", fragte Luca.
„Aber ja!", antwortete die Großmutter.

LEBEN IM WASSER
ALGEN SIND KEINE PFLANZEN

Chlorellaalgen sind einzelne kugelförmige Zellen", fuhr die Großmutter fort. „Die Blaualgen fügen sich dagegen zu langkettigen Kolonien zusammen. Außerdem sind sie, wie ihr wissenschaftlicher Name *Cyanobakterien* schon sagt, oft eher türkis."
„Dann nehmen wir nachher etwas davon mit", entschied Luca. „Aber wie meinst du das – Algen sind Lebewesen – sind es denn keine Pflanzen?"
„Tja, es gibt da Unterschiede, wisst ihr. Es sind Lebewesen, die wie Pflanzen von Fotosynthese leben. Das haben sie mit den Pflanzen gemeinsam, aber sie bestehen nicht aus Wurzel, Stiel und Blüte. Sie sind viel einfacher."
„Stimmt", pflichtete Lara bei.

Multitalent

Die Chlorellaalgen werden schon für vieles genutzt. Sie werden gegessen, als Medizin verabreicht und in Hautcremes verarbeitet. Es gibt auch Versuche, Treibstoff daraus herzustellen und Autos damit anzutreiben.

„Man muss allerdings sagen: Einfach, aber – oho!", erklärte die Großmutter weiter. „Denn jedes zweite Sauerstoffatom, das wir atmen, kommt von Algen, also durch ihre Umwandlung von unserem ausgeatmeten Kohlendioxid (CO_2) in Sauerstoff (O_2). Habt ihr in der Schule schon mal über die Fotosynthese gesprochen?"
Beide nickten.

„Cyanobakterien, die auch von Fotosynthese leben, sind mit die ältesten Lebewesen der Welt! Ohne ihre Vorfahren wäre unsere Welt nicht, wie sie heute ist: Sie haben die anfängliche Uratmosphäre mit Sauerstoff gefüllt. Dadurch hat die Entwicklung der heutigen Lebewesen ihren Lauf genommen."

ÜBERLEBENSKÜNSTLER

Schaut mal da rüber an die Felswand. Seht ihr die langen blau-schwarzen Linien, die die Felsen hinunterlaufen? Das sind lebende Cyanobakterien. Diese Felswand enthält aber auch versteinerte Matten von Cyanobakterien – man nennt sie Stromatolithen. Die ältesten Stromatolithen sind etwa 3,7 Milliarden Jahre alt und stammen aus der Zeit, als die Cyanobakterien den ersten Sauerstoff produziert haben. Das hat man herausgefunden, als man das Alter der Steine bestimmt hat“, wusste die Großmutter.

„Wer hätte gedacht, was hinter diesem grünen Schleim alles steckt und wie wichtig Algen und Bakterien für uns sind“, meinte Luca.

„Tja und zum Glück sind sie wirkliche Überlebenskünstler und leben an den ungewöhnlichsten Orten. Man findet sie fast überall. Es gibt Algen, die in oder mit anderen Organismen leben, zum Beispiel in Korallen. Dann gibt es Grünalgen, die im Pelz der Faultiere wachsen und ihnen als Nahrungsergänzung dienen. Außerdem können sie im Erdboden und, mit Pilzen zusammen, als Flechten auf Felsen leben. Nicht zu vergessen die Kieselalgen, die tolle Formen bilden und die es schon seit Jahrmillionen gibt. Versteinerte Kieselalgen, die wir heute finden können, heißen Kieselgur.“

Im Pelz des Faultiers wachsen Algen und leben Motten.

Fotosynthese

Pflanzen und einige Bakterien machen mithilfe des Sonnenlichts aus Wasser und Kohlendioxid Zucker und Sauerstoff. Den Zucker brauchen sie, um daraus andere Baustoffe für neue Blätter, Blüten und Früchte herzustellen. Den Sauerstoff brauchen sie nicht und scheiden ihn aus – zum Glück!

Das Leben auf der Erde wird erst möglich, weil bei der Fotosynthese Sauerstoff entsteht.

WAS DIE KINDER IM WASSER FANDEN

Amöben sehen immer wieder anders aus, daher heißen sie auch **Wechseltierchen**. Sie haben keine feste Körperform. Um sich zu bewegen fließen sie mehr vorwärts, als dass sie schwimmen. Sie setzen Teile von sich vorwärts und ziehen den Rest nach. Beute, wie Bakterien umfließen sie und nehmen sie in sich auf.

Zackenrädchen sind Algen, die den Namen ihrer Form verdanken. Sie bilden Kolonien, das bedeutet, dass Zellen sich zusammenlagern. Sie formen ein Rädchen mit einem Loch in der Mitte und Zacken aussen herum. Die kleinsten Kolonien bestehen aus 8 Zellen, die größten aus 128 Zellen.

Die Tentakeln um die Mundöffnung der **Hydra** sind klebrig. Wenn ein Beutetier zu nahe kommt, bleibt es einfach daran kleben. Die Hydra muss dann nur noch ihre Tentakel zur Mundöffnung führen und kann fressen.

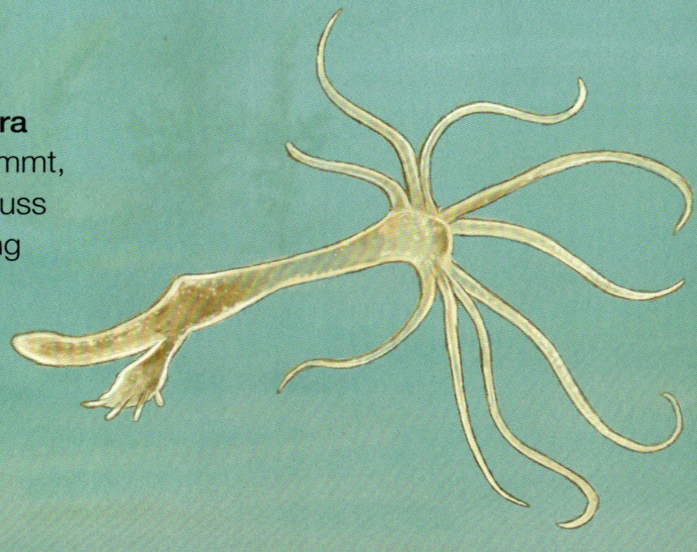

Der Name **Glockentierchen** sagt es schon, der Körper dieser Einzeller ist glockenförmig. Mit ihrem langen Stiel können sie sich festhalten. Meistens nutzen sie dazu Wasserpflanzen. Sie können sich aber auch auf lebende Schnecken oder Krebse setzen.

Pantoffeltierchen sind einzellige Lebewesen, die die Form eines Pantoffels haben. Sie bewegen sich mithilfe von unzähligen feinen Härchen auf ihrer Oberfläche.

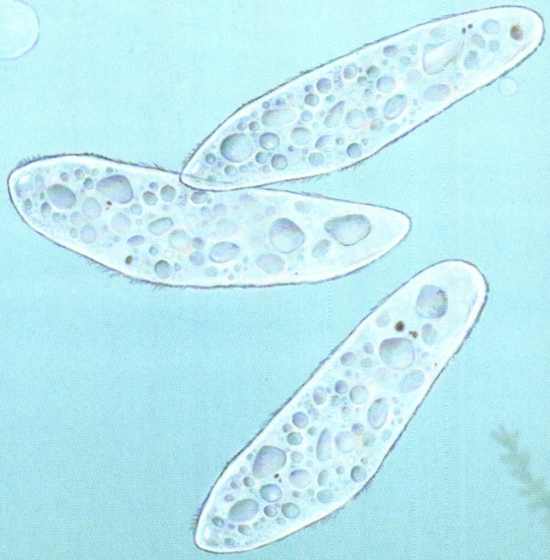

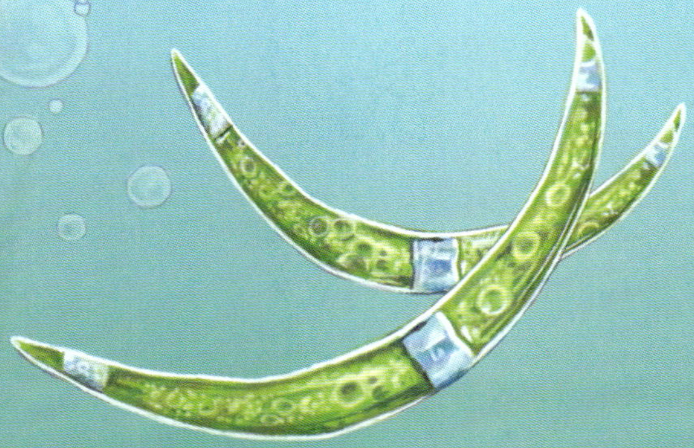

Algen gibt es in verschiedenen Formen. Die **Mondalge** ist gebogen und sieht aus wie ein Halbmond.

Hüpferlinge scheinen tatsächlich durchs Wasser zu hüpfen. Sie bewegen sich ruckartig, wenn sie ihre langen Antennen nach hinten schlagen. Ihr wissenschaflicher Name ist *Cyclops*. In griechischen Sagen heißen einäugige Riesen Zyklop. Genau wie diese Riesen haben Hüpferlinge nur ein Auge in der Mitte des Kopfes.

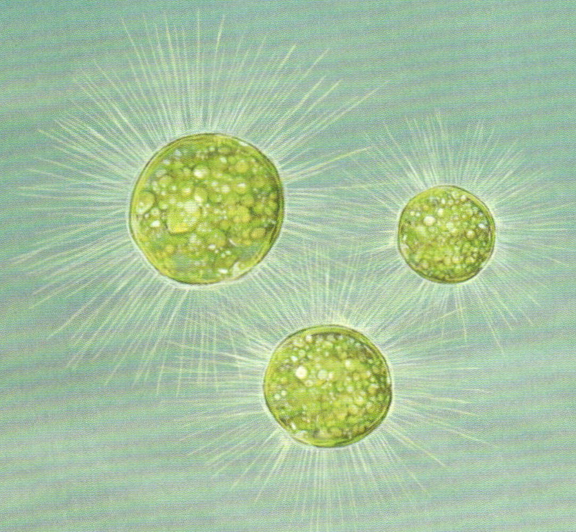

Die spitzen Strahlen der **Sonnentierchen** enthalten eine Substanz, die andere Lebewesen lähmt. So kann die Beute nicht mehr entkommen.

ALGEN UND MEHR

Besonders beeindruckend sind natürlich auch die meterhohen Algenwälder im Meer", erzählte die Großmutter weiter.

„Aber sind Algen denn schon so alt?", unterbrach Lara sie.

„Oh ja, nach heutigem Wissen gibt es sie seit etwa 1,7 Milliarden Jahren. Man nimmt an, dass einige der ersten einzelligen Lebewesen sich die Cyanobakterien einverleibt haben, aber statt sie zu verdauen, bildeten sie mit ihnen eine Lebensgemeinschaft. Die Cyanobakterien erzeugten weiter Energie durch Fotosynthese, sodass diese Organismen nicht mehr andere fressen mussten. Damit haben sich die Vorfahren der Algen und Pflanzen von denen anderer Lebewesen für immer getrennt, von denen der großen Säugetiere bis zu denen, die gerade zwischen euren Beinen schwimmen."

„Du meinst die Fische hier?", fragte Luca.

„Die sicher auch, aber eigentlich meinte ich das Plankton, also kleinste Lebewesen, wie Hüpferlinge und Krebschen."

Blitzschnell zogen die Kinder ihre Knie hoch, schauten sich erschrocken an und prusteten dann los.

„Kinder, ihr seid Hasenfüße!", lachte auch die Großmutter. „Diese Tierchen können euch nichts anhaben! Wir schauen uns auch die später unter dem Mikroskop an, hm?"

Tangwälder

Diese Algenwälder bestehen meist aus Braun- und Rotalgen, die Lebensraum für vielerlei Fische und andere Meerestiere bieten. Einige Algenarten können bis zu 60 Meter lang werden.

PLANKTON

„Was ist denn Plankton und was sind das für Lebewesen?“, fragte Luca.
„Plankton sind winzige im Wasser treibende Pflanzen und Kleinstlebewesen. Die meisten sind Einzeller, so wie Bakterien. Ihr wisst ja vielleicht, dass wir Menschen aus vielen Zellen bestehen.“
„Ja, aber ich weiß nicht genau, was ich mir darunter vorstellen soll!“
„Na, dann gehen wir doch morgen mal zu Mama und Tante Sarah ins Forschungsinstitut, einverstanden?“
Die Kinder stimmten zu und als sie aufgegessen hatten, setzten sie sich auf ihre Fahrräder und radelten nach Hause.

Plankton

Plankton kommt aus dem Griechischen und bedeutet *das Umherirrende*. Diese Lebewesen können sich nicht oder kaum selbstständig fortbewegen und treiben im Wasser. Es gibt tierisches und pflanzliches Plankton. Es ist die Nahrungsgrundlage vieler Tiere. Sogar die größten Meerestiere, zum Beispiel die Blauwale, leben davon.

IDEE AM ABEND

Als Lara am Abend im Bett lag, dachte sie über die seltsame Geschichte mit dem verschimmelten Brot nach. Was hatten diese rätselhaften Reime zu bedeuten und was wollte der Unbekannte damit erreichen? Sie schlich ins Zimmer ihres Bruders und kroch zu ihm unter die Decke.
„Luca, bist du noch wach?“, flüsterte sie.
„Ja, ich überlege, ob wir schon genug Informationen haben, um diese Sache lösen zu können.“
„Ich auch, deswegen kann ich nicht schlafen. Gerade hatte ich eine Idee – was wäre, wenn diese Amöben, die wir im Wasser gesehen haben, auch Krankheitserreger oder Plastik umschließen und fressen könnten? Das wäre doch sehr nützlich, oder?“
„Tja vielleicht“, erwiderte Luca.
Und während sie noch darüber nachdachten, schliefen beide schließlich ein.

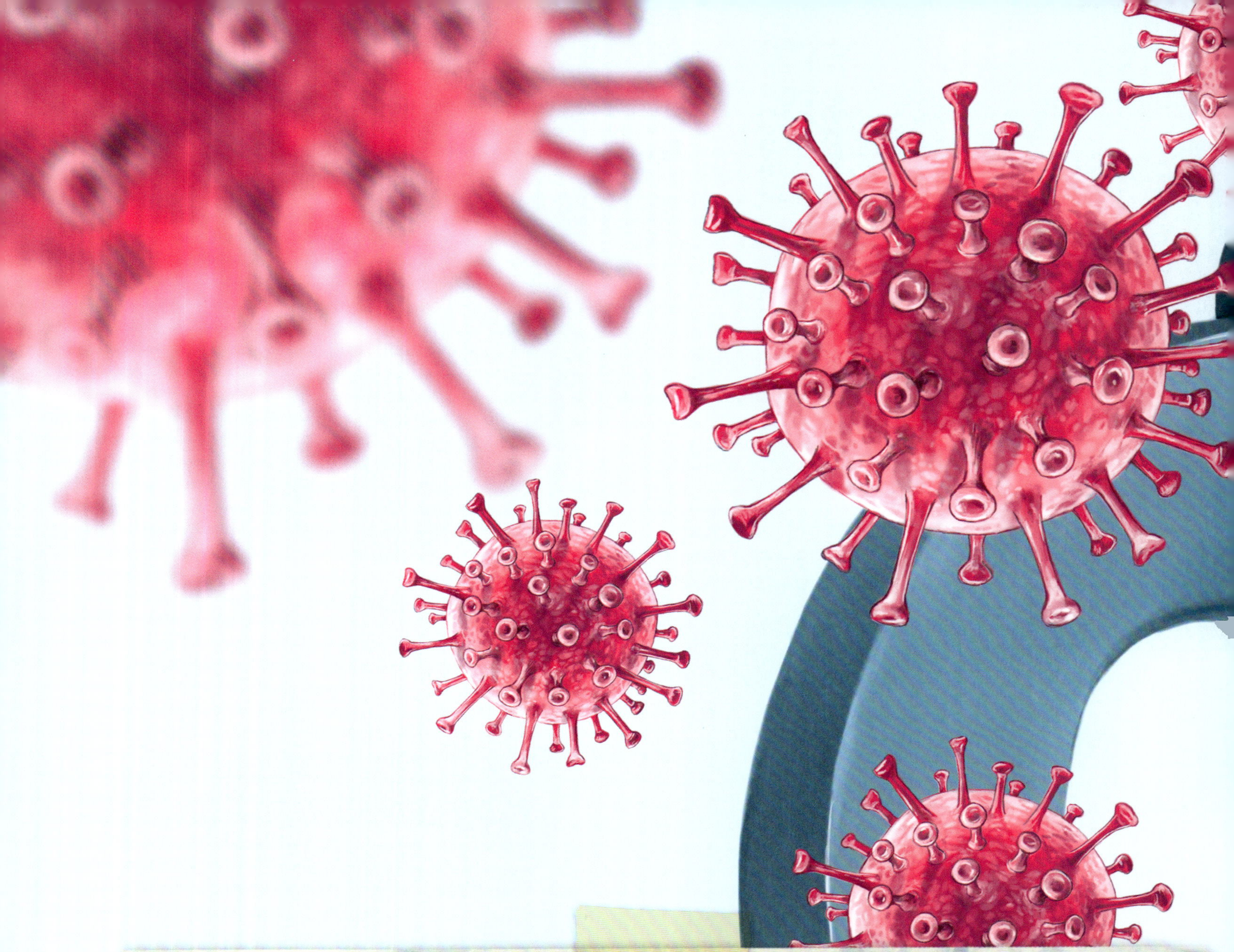

IM FORSCHUNGSLABOR

Am nächsten Morgen stand ein kleiner Pulk Journalisten vor dem Institut, in dem die Mutter von Lara und Luca und Tante Sarah forschten. Der Direktor stand mittendrin und versuchte die aufgebrachten Leute zu beruhigen: „So ein Unsinn! Monster-Riesenamöben – so etwas gibt es nicht!"
„Wie erklären Sie sich die Aussage des Nachtwächters? Er will heute Nacht so eine Kreatur gesehen haben!", rief ein Reporter.
„Und die Schleimspuren, die es gestern im Institut gegeben hat?", fragte ein anderer. „Können Sie dazu Stellung nehmen?!"
„Woher haben Sie diese Informationen?", fragte der Direktor verärgert.
„Es ist ein anonymer Brief bei verschiedenen Zeitungen eingegangen", erklärte ein Dritter.
„Ach, und einem anonymen Brief mit Horrorgeschichten schenken sie mehr Glauben als mir? Ich versichere ihnen, dass wir hier keine Ungeheuer zu Forschungszwecken züchten!"
„Kann ja ein Unfall gewesen sein!"
„Also jetzt reicht es mir! Dies ist ein seriöses Forschungsinstitut! Wir werden eine Presseerklärung abgeben, sobald wir mehr wissen. Guten Tag!"

NEUE SCHLEIMSPUREN

Du meine Güte!", sagte die Großmutter, als sie das hohe Institutsgebäude neben dem Museum betraten. „Was ist denn da los?"
„Hallo Tante Sarah!", riefen die Kinder und ließen sich von ihrer Tante in die Arme nehmen, die wie die Mutter der Geschwister in diesem Labor forschte.
„Hallo ihr Lieben!", begrüßte Tante Sarah die Kinder. „Was treibt euch denn hierher?"
„Wir sind Pilzen, Viren und Bakterien auf der Spur!", erklärte Lara.
„Oh ha, na ich werde mein Bestes geben. Eure Mutter kann im Moment nicht. Kommt doch mit in mein Büro, da können wir ungestört plaudern. Hier entlang, bitte."

Während sie endlosen Gängen folgten, nahm die Großmutter ihre Tochter am Arm. „Was ist denn nun schon wieder passiert?"
„Angeblich hat der Nachtwächter ein schleimiges Wesen gesehen und es sind auch wieder Schleimspuren aufgetaucht. Zu allem Überfluss hat jetzt die Presse davon Wind bekommen. Aber nun kommt erstmal rein!", erklärte Tante Sarah.

GEFÄHRLICHE ZECKEN

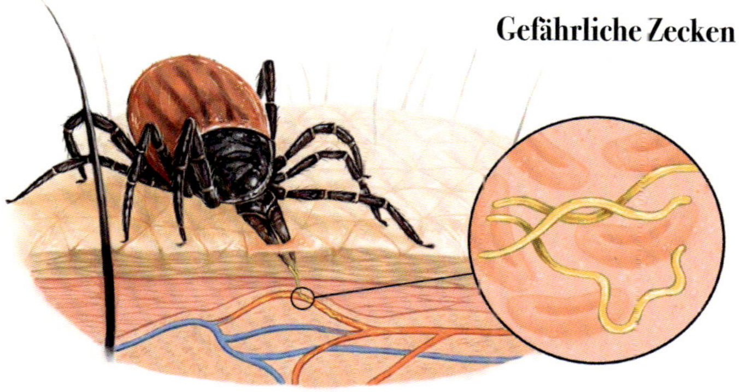

Im Büro warfen sich die Kinder auf das Sofa, auf dem ihre Tante schlief, wenn ihre Versuche sehr lange dauerten. Als Luca die Knie hochzog, fiel der Tante eine rote Stelle an seinem Oberschenkel auf.
„Oh Luca, was hast du denn da gemacht?"
„Luca hat sich gestern am See eine Zecke eingefangen", plapperte Lara los. „Aber zum Glück hat Mama sie gleich gesehen und entfernt."
„Ich hoffe ihr habt auch den Kopf mit herausgezogen?", fragte Sarah besorgt.
„Aber ja, Mama macht das mit ihrem Skalpell. Zeckenzangen mag sie nicht."
„Beim Quetschen mit der Zange riskiert man, die Borrelien aus der Zecke in die Wunde zu drücken."

Blutsauger

Mit ihrem Stechrüssel können sich Zecken durch die Haut von Menschen und Tieren bohren. Sie wollen an das Blut, davon ernähren sie sich nämlich. Zecken saugen ihre Opfer aber nicht aus, sie nehmen nur wenig Blut. Gefährlich sind die krankmachenden Bakterien, die Zecken übertragen können.

„Und was sind das – Borrel..?"
„Borrelien sind Bakterien, die schlimme Krankheiten auslösen können. Wisst ihr, was Bakterien sind?"
„Wir wissen nur, dass es ganz viele nützliche gibt ...", sagte Luca.
„... mit denen man Milchprodukte herstellt ...", ergänzte Lara, „... und die im Boden alles sauber und wiederverwertbar machen."
„Und dass es mit die ersten Lebewesen der Welt waren."
„Das ist ja schon eine ganze Menge! Gut, also weiter. Könnt ihr schon etwas mit dem Begriff Zelle anfangen?"

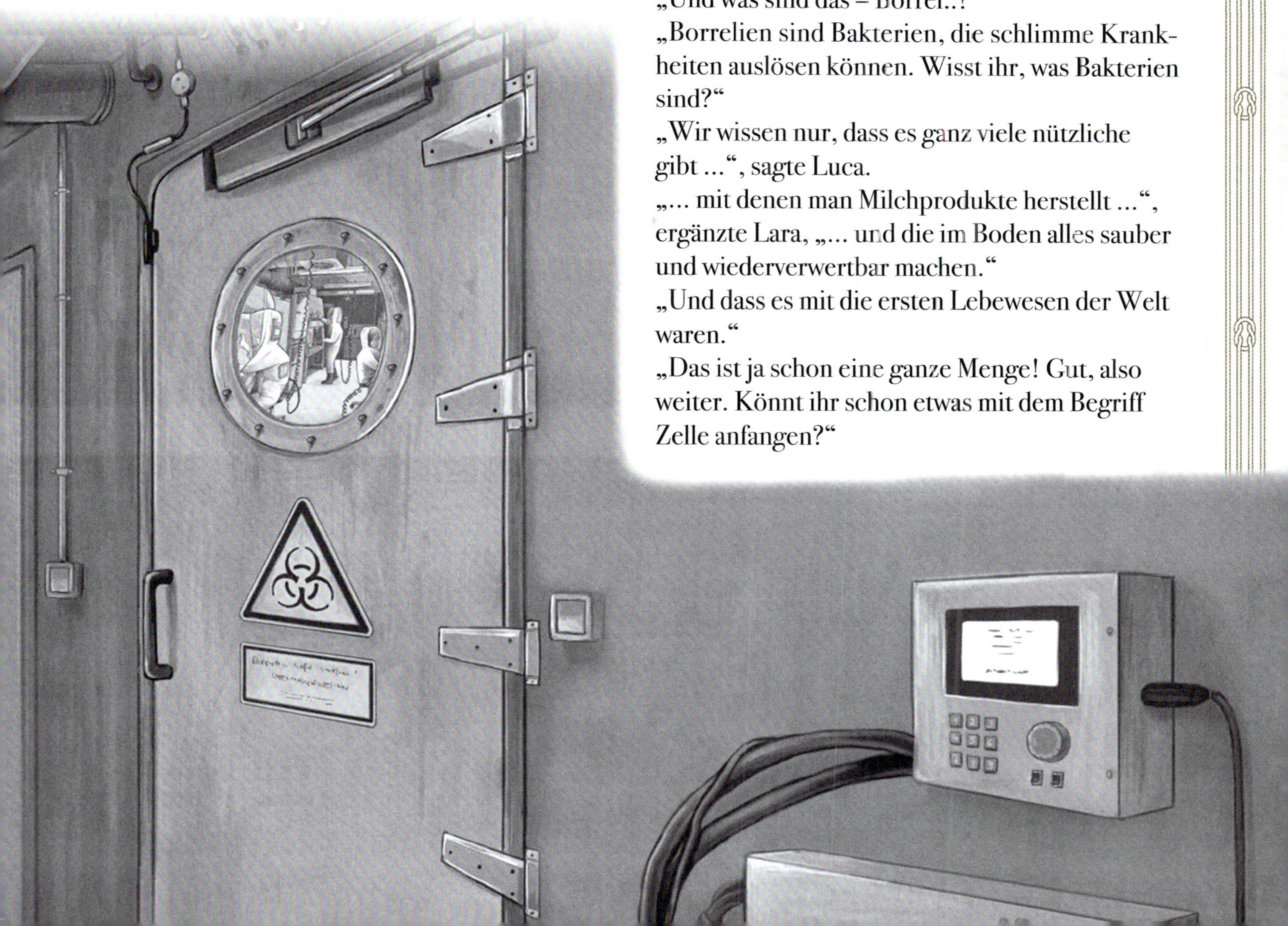

ALLES IST AUS ZELLEN

„Alle Lebewesen, denen wir normalerweise so begegnen, also Hund, Katze und Wellensittich, bestehen aus unzähligen Zellen, die eine neben der anderen liegen – ein bisschen wie Bienenwaben. In den Zellen liegt in einem Kern verpackt das sogenannte Erbmaterial. Das ist sowas wie eine Bauanleitung, in der steht, woraus diese Zelle besteht und wie sie zusammengesetzt wird. Das ist sehr nützlich, denn so kann Verletztes oder Krankes repariert werden ...“, fuhr Tante Sarah fort.

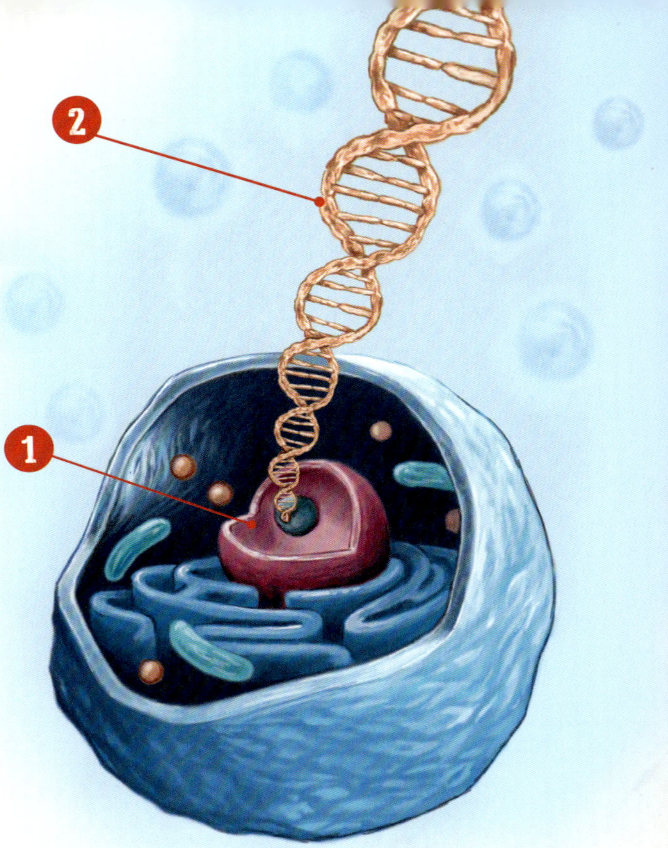

Aufbau einer Zelle

1 *Zellkern*
2 *Erbmaterial*

Viele, viele, viele Zellen

Ein Erwachsener besteht aus ungefähr 100 Billionen einzelnen Zellen. Das ist eine Zahl mit 14 Nullen – eine unvorstellbar große Menge.

„Aber könnte man dann nicht einfach ein paar von unseren Zellen nehmen und die wachsen lassen, wie ein Ersatzteillager?“, fragte Luca.

„Nein, mit unseren Zellen klappt das leider nicht, weil sie kein eigenständiger Organismus sind. Wenn man sie von unserem Körper trennt, sterben sie ab. Da sind die Bakterien ganz anders: Auch wenn man sie von ihrer Kolonie trennt, können sie eigenständig leben und sich vermehren – sie teilen sich einfach.“

„Und woraus sind Bakterien?“

BLUTZELLEN

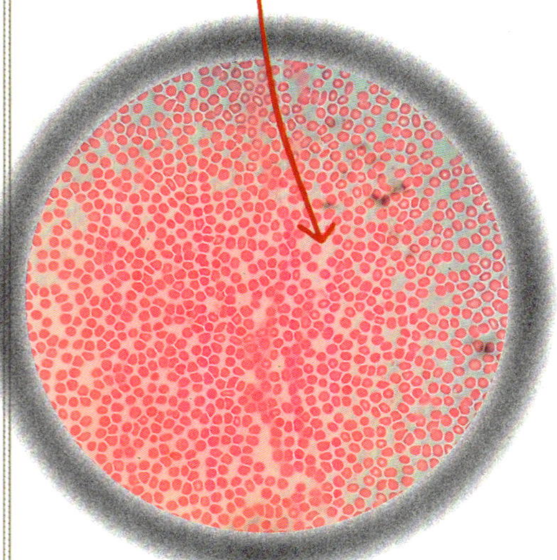

HAUTZELLEN

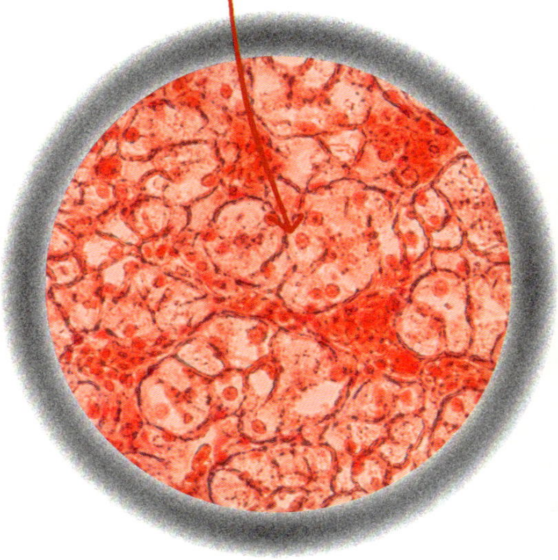

PFLANZENZELLEN

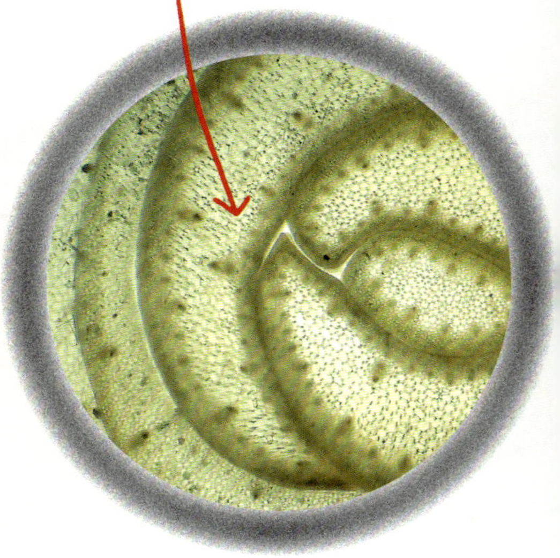

Bakterien können verschiedene Formen haben.

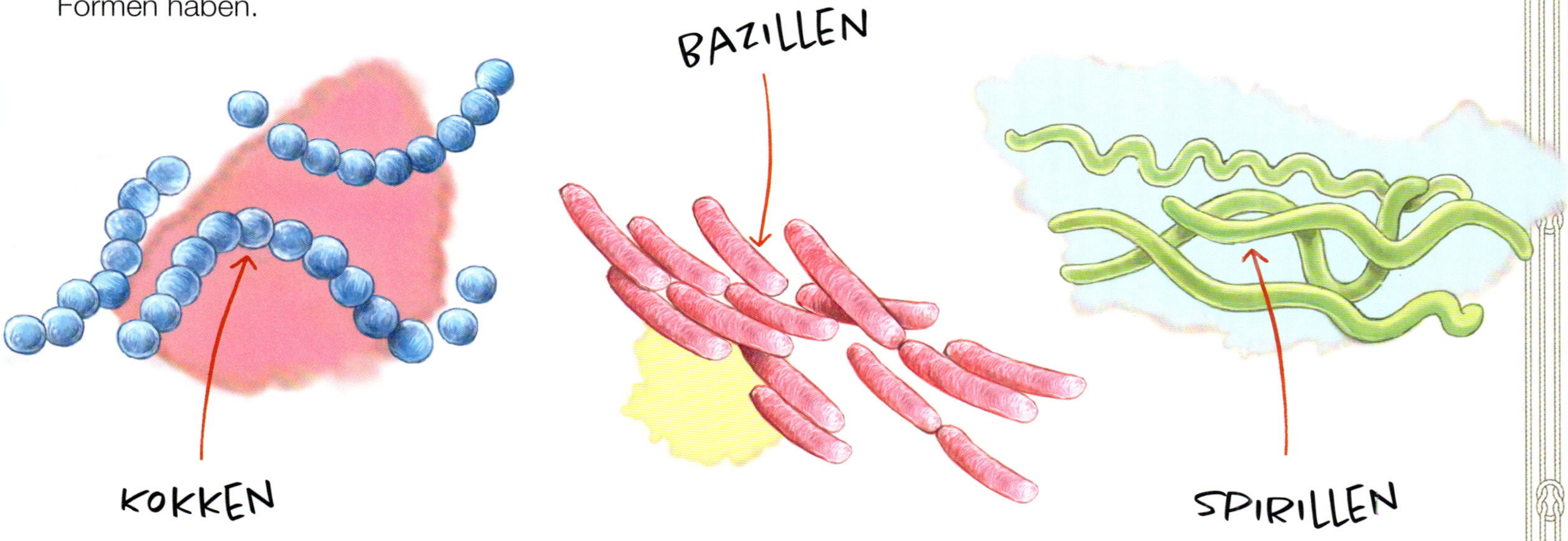

WORAUS BESTEHEN BAKTERIEN?

Ein Bakterium besteht aus nur einer Zelle, das heißt aus einem Klecks geleeartigem Zytoplasma, in dem das Erbgut schwimmt. Das Ganze wird von einer Zellmembran zusammengehalten und von der Zellwand geschützt und bildet die Zellkapsel", antwortete Tante Sarah. „Schaut mal, dort auf dem Poster seht ihr die verschiedenen Formen, die sie haben können: Es gibt Kokken, Bazillen und Spirillen."
„Einige haben ein Schwänzchen, wozu?", fragte Lara.
„Das Schwänzchen nennt man Geißel und es dient als Ruder. Damit können sie das 100-Fache ihrer Körperlänge in einer Sekunde schwimmen. Viele Bakterien haben kleine Härchen, auch Pili genannt. Damit können sie sich zum Beispiel an andere Bakterien oder tierische Zellen anheften."
„Nicht schlecht! Eine Frage zum Namen", sagte Luca. „Um Mozzarella zu machen, nimmt man Streptokokken – sind das nicht Krankheitserreger?!"
„Die Streptokokken sind eine große Familie. Viele von ihnen leben mit uns zusammen und sind sogar wichtig. In Mund und Darm helfen sie uns, Nahrung zu zersetzen. Auf der Haut ernähren sich welche von Schweiß und abgestorbenen Zellen, und was dabei herauskommt, hält andere Mikroben fern."
„Wow, auf unserer Haut, im Mund und im Darm? Bakterien scheinen ja wirklich überall zu sein!"
„Oh ja, und tatsächlich besteht unser Körper aus mehr Bakterienzellen als körpereigenen Zellen. Bakterien leben tatsächlich überall, im Meer, in und auf der Erde, in Tieren und sogar in der Luft."

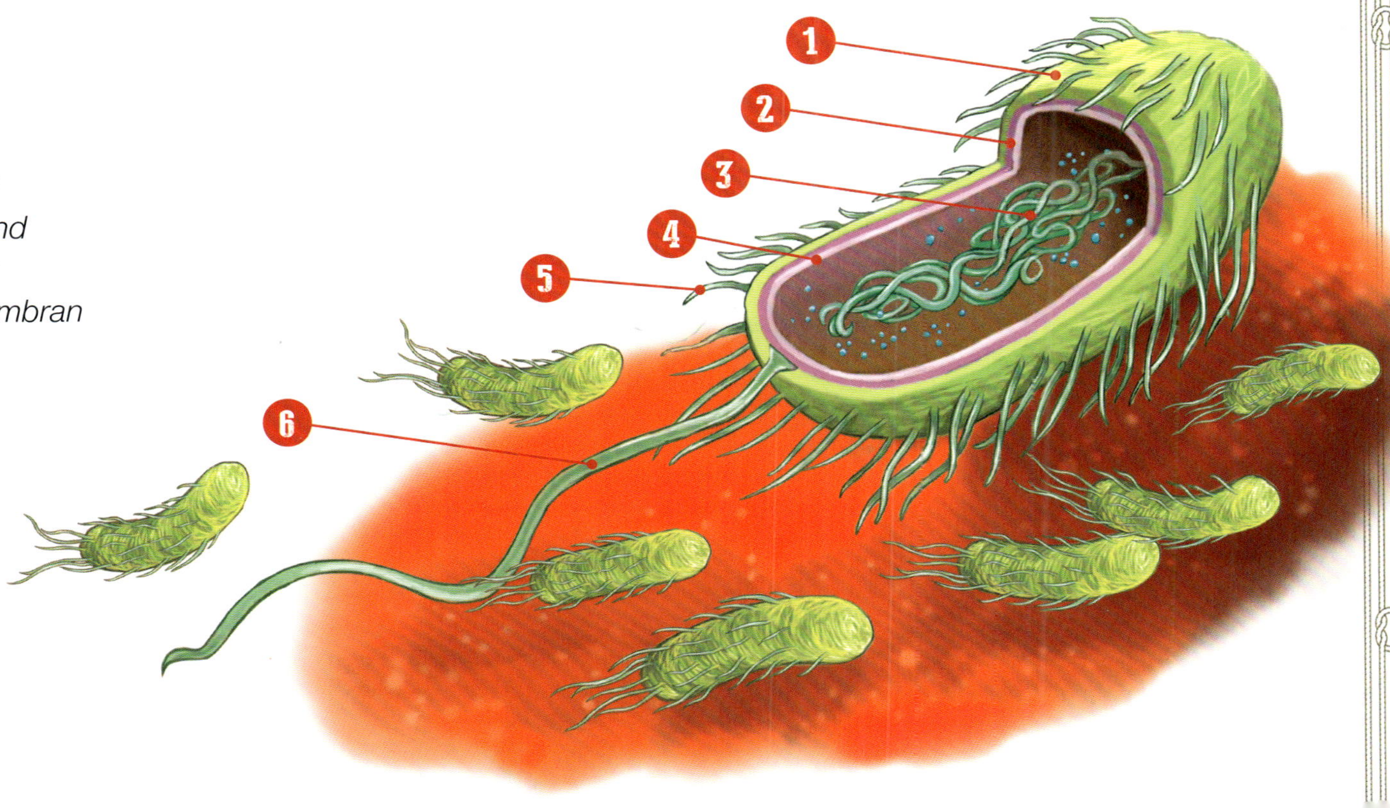

1 *Kapsel*
2 *Zellwand*
3 *Erbgut*
4 *Zellmembran*
5 *Pili*
6 *Geißel*

WIE MACHEN BAKTERIEN KRANK?

„Aber dann sind Bakterien ja gar nicht wirklich böse?“, fragte Lara nachdenklich.
„Nein. Du musst dir auch nicht vorstellen, dass sie wie kleine zerstörerische Teufelchen von innen an uns nagen, wenn sie uns krank machen. Es sind einfach die Stoffwechselprodukte, also das was bei Tieren der Kot ist, die giftig sein können und krank machen. *Streptococcus mutans* zum Beispiel leben in unserem Mund und bilden aus Kohlenhydraten, die in Brot und Nudeln sind, Milchsäure. Die Milchsäure wiederum greift leider die Zahnsubstanz an und frisst Löcher in die Zähne. Tatsächlich sind die Bakterien einfach Schleckermäuler, wie wir.“

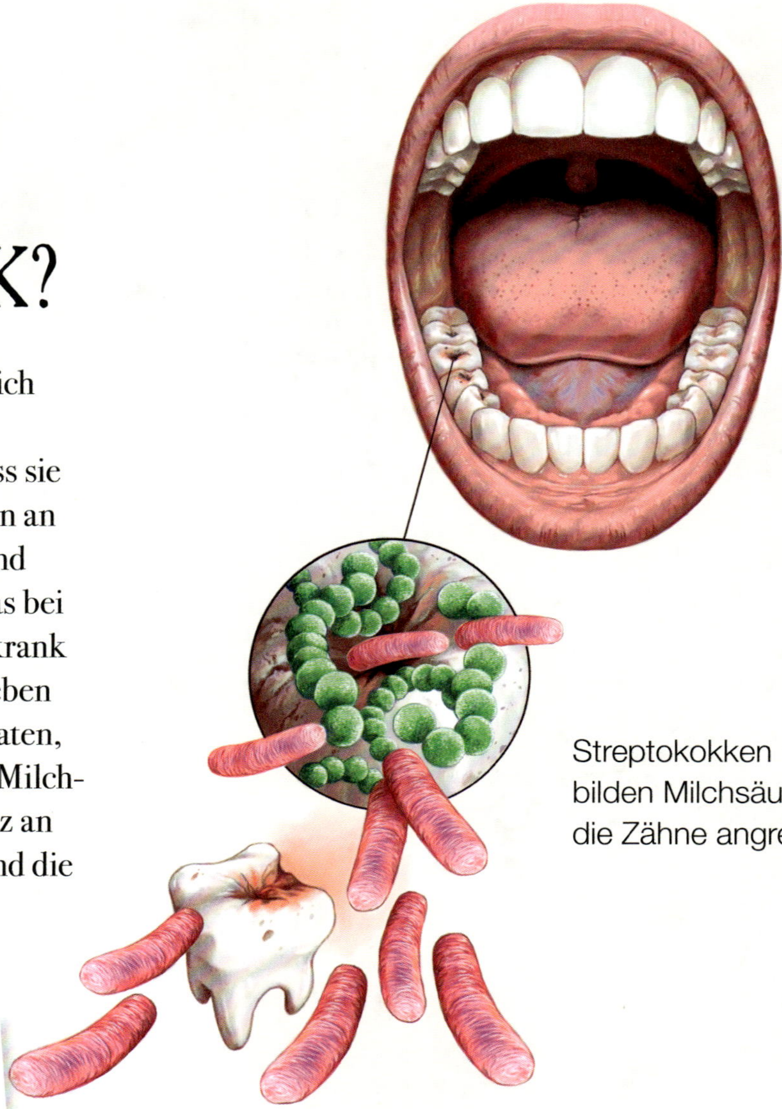

Streptokokken bilden Milchsäure, die Zähne angreift.

Streptokokken

Der Name bedeutet so etwas wie *Halskette aus Beeren*, weil ihre kugeligen Zellen an eine Kette aus Blaubeeren erinnern. Die schwarzen Schafe der Familie, zum Beispiel *Streptococcus pyogenes*, produzieren Schleim in unserer Nase und unserem Rachen, der uns schwer zu schaffen machen kann, weil wir davon zum Beispiel eine Bronchitis bekommen können.

„Also können die Bakterien eigentlich gar nichts dafür, wenn sie krank machen!“, stellte Lara fest.
„Nein, eigentlich nicht. Anders verhält es sich da mit Viren. Diese Mikroben sind tatsächlich – zumindest auf den ersten Blick gesehen – Zerstörmaschinen in eigener Sache.“
Die Kinder machten ängstliche Gesichter.

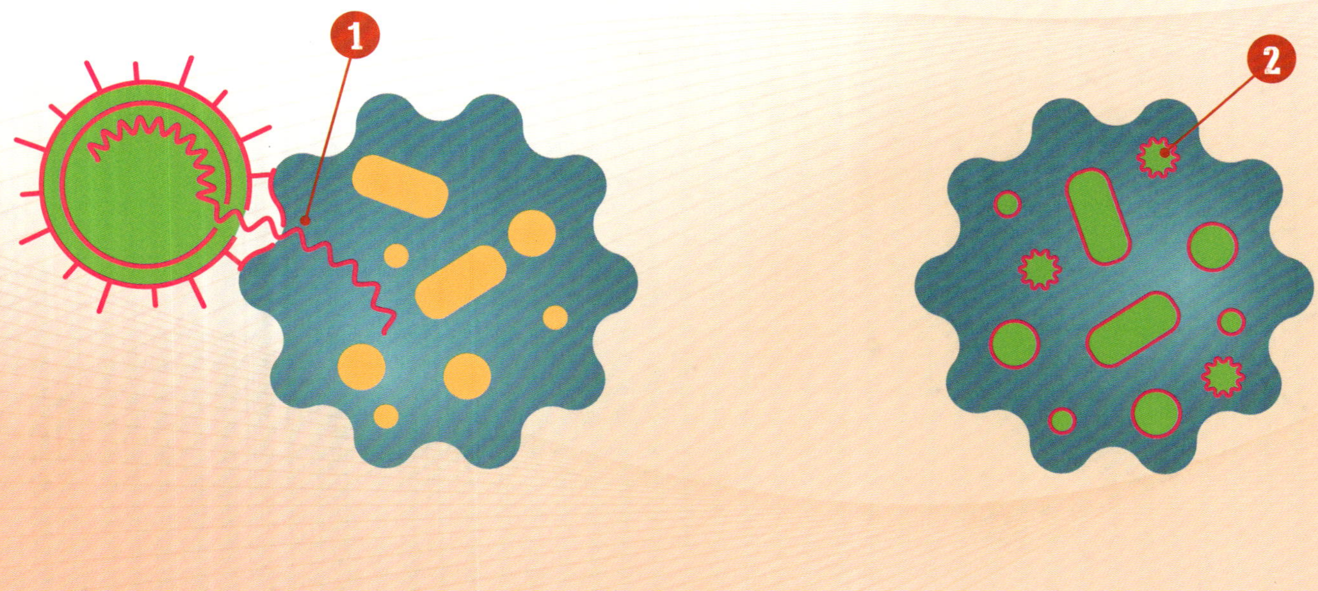

WIE MACHEN VIREN KRANK?

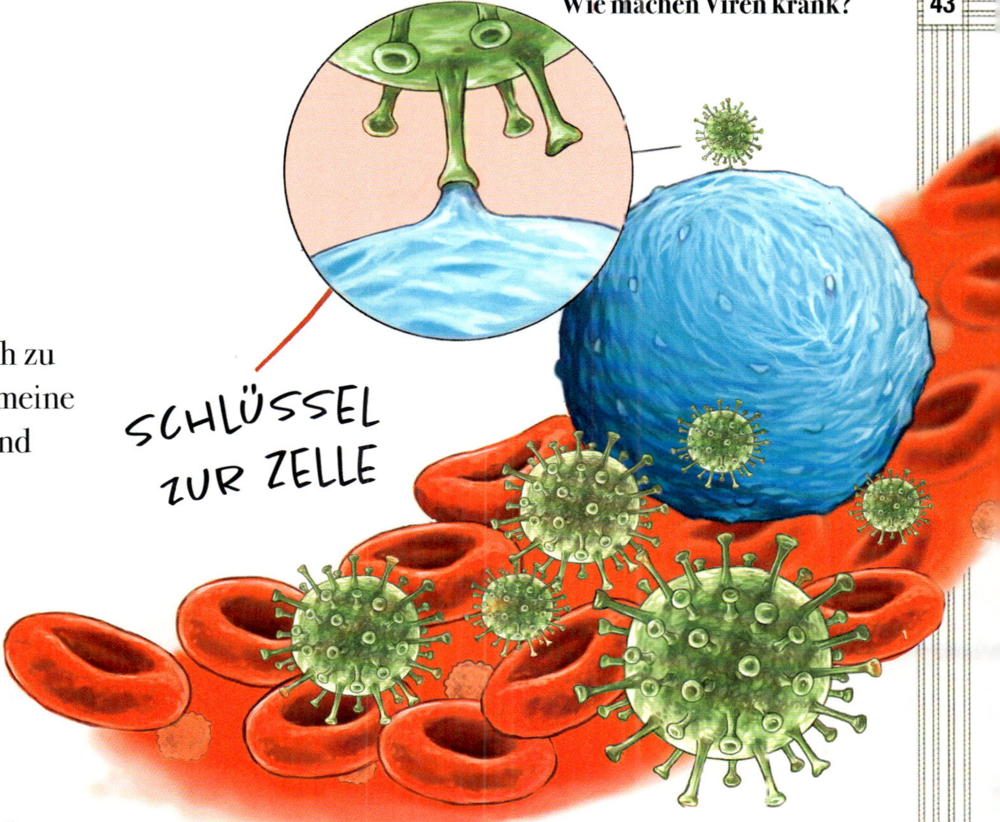

Während sich die Bakterien teilen, um sich zu vermehren, verhalten sich Viren wie gemeine Diebe, die ungebeten in Zellen einbrechen und alles verwüsten."

„Und wie kommen sie da rein?"

„Sie haben eine Art Schlüssel. Ihr wisst vielleicht, wie Coronaviren aussehen. Sie besitzen diese Krönchendornen an der Oberfläche. Das sind die Schlüssel, mit denen sie sich zu bestimmten Zellen Einlass verschaffen. Atemwegs-Viren haben nur den Schlüssel für Zellen im Bereich zwischen Ohr, Nase, Mund und Lungen, während ein Magen-Darm-Virus da überhaupt nichts ausrichten kann. Haben sie die Zelle erst einmal aufgeschlossen, dringen sie ein, lösen ihre Hülle auf und lassen ihr Erbgut im Zellkern vervielfältigen. Auch neue Dornen und Hüllen werden in der Zelle hergestellt. Sind die Erbgutkopien fertig, werden sie in die neuen Hüllen verteilt, die dann durch die Zellwand nach außen stoßen. Die gekaperte Zelle löst sich auf."

„Und dann? Also die schlechten Bakterien vergiften den Körper, aber was ist das Problem mit den Viren? Ist es, dass alle Zellen langsam zerstört werden?"

Was macht das Virus im Körper

1 Das Virus schummelt seine Erbinformationen in die Zelle.

2 Die infizierte Zelle stellt dann nur noch Viren her.

3 Wenn die Zelle erschöpft ist, zerplatzt sie.

4 Viele tausend Viren werden freigesetzt und infizieren andere Zellen.

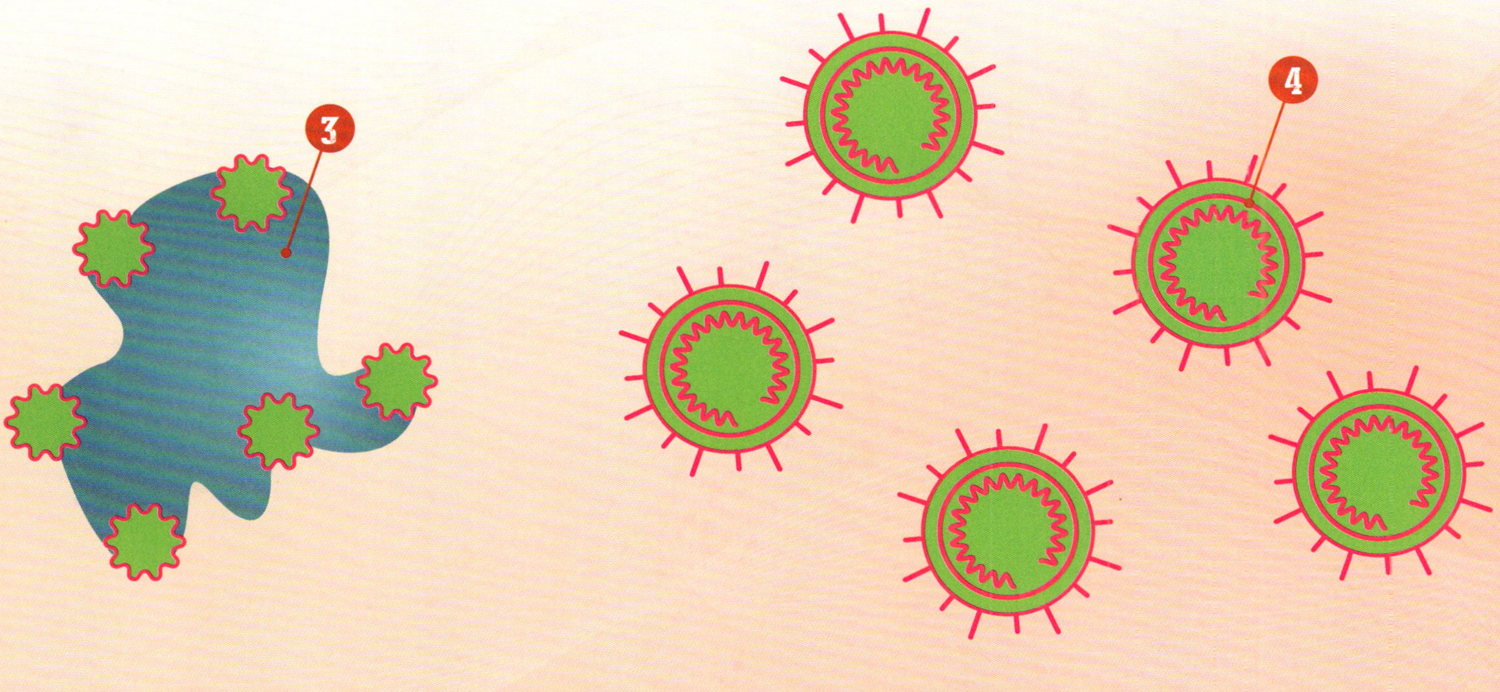

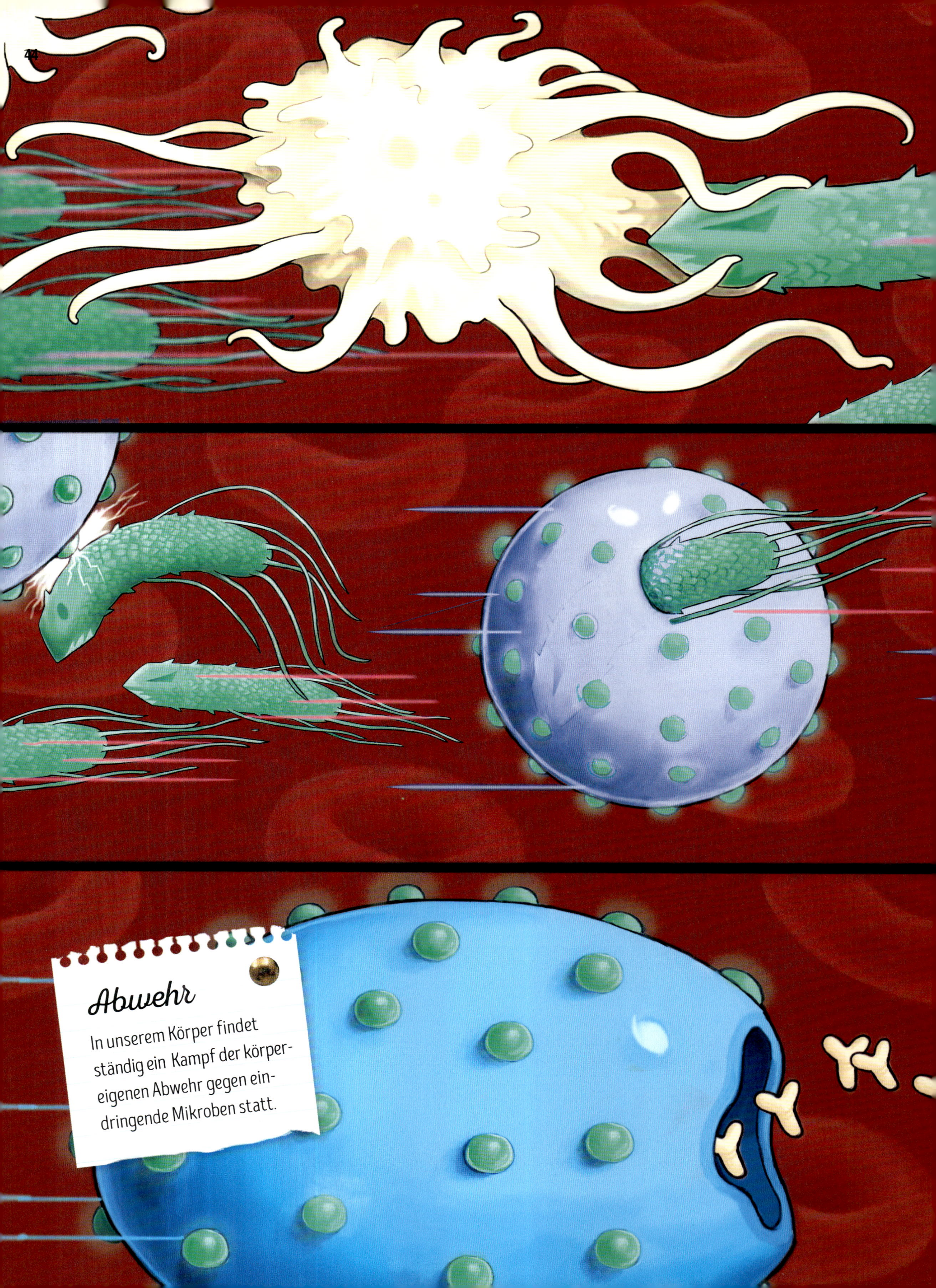

Abwehr

In unserem Körper findet ständig ein Kampf der körpereigenen Abwehr gegen eindringende Mikroben statt.

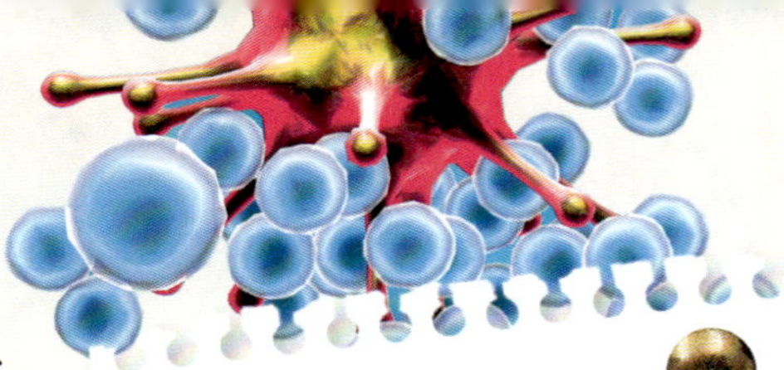

UNSER ABWEHRSYSTEM

Immunität

Das Wort *immun* kommt aus dem Lateinischen und heißt *frei von*. In der Medizin bedeutet Immunität die Unempfindlichkeit gegen Krankheitserreger.

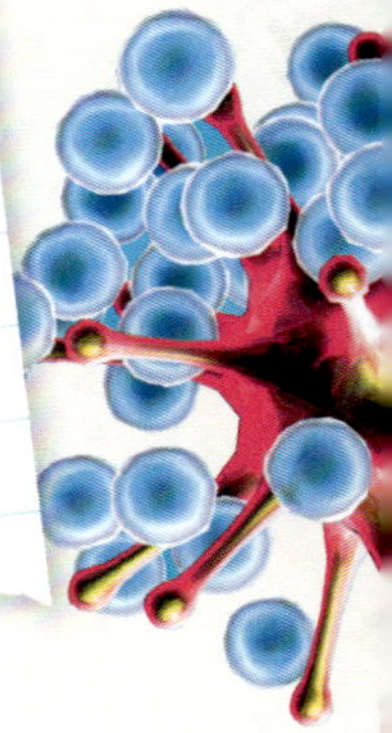

Ja genau, aber noch anderes mehr. Der Körper hat eigentlich ein sehr gutes System zur Verteidigung gegen böse Eindringlinge – das Immunsystem. Stellt euch unseren Köper vor, wie eine Ritterburg. Die Außenmauer ist unsere Haut. Die Straßen sind unsere Adern, die zu den wichtigen Plätzen, den Organen und zum Schloss, dem Herzen führen. Auf unserer Haut wachen eine Vielzahl von Bakterien, die Substanzen bilden, um Angreifer fernzuhalten. Die Burgtore, also Ohren, Augen, Mund und Nase, werden durch Ohrenschmalz, Tränen oder Schleim geschützt, so wie bei den Rittern früher mit Pfeil und Bogen oder heißem Pech“, antwortete Tante Sarah.
Die Kinder grinsten bei dem Vergleich.

„Es gibt aber auch immer wieder gewitzte Feinde, die sich doch hineinschmuggeln. Dafür haben wir Wachposten an verschiedenen Punkten des Körpers, die Lymphknoten, wie zum Beispiel die Mandeln im Mundbereich. Hier wird jeder geprüft, der vorbei will und im Zweifelsfalle festgenommen“, fuhr die Tante fort.

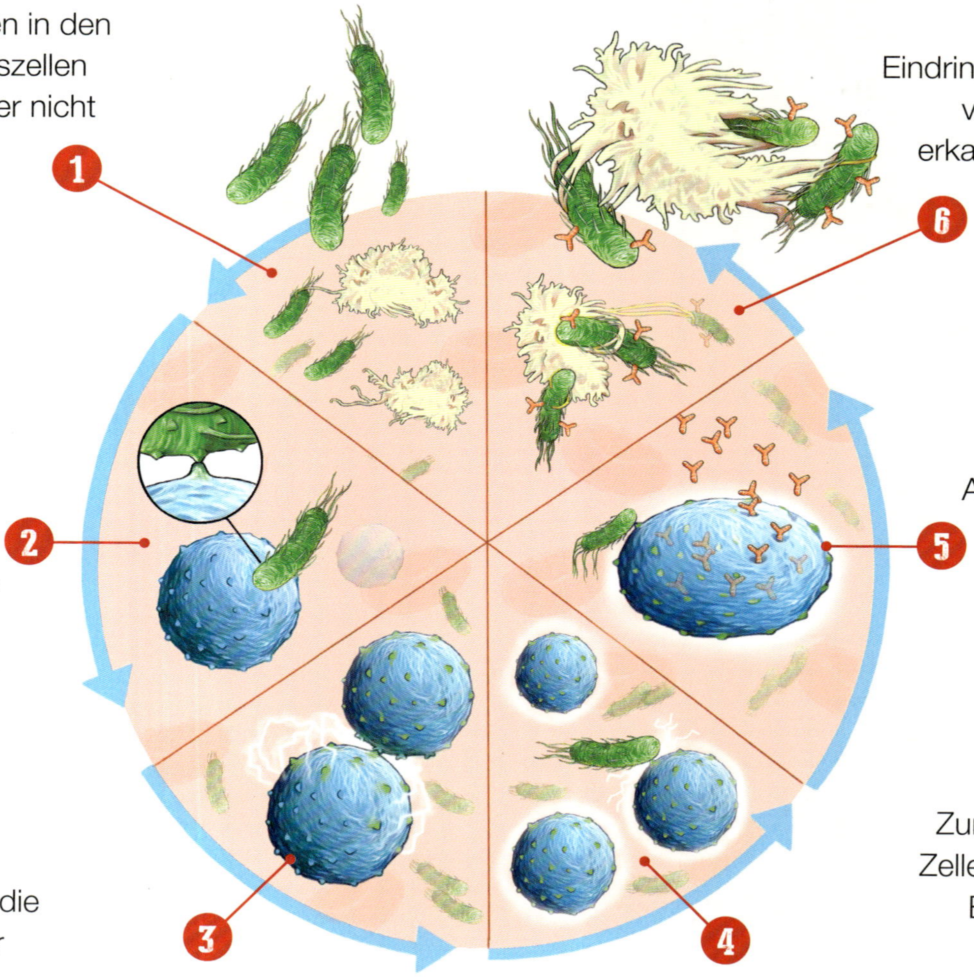

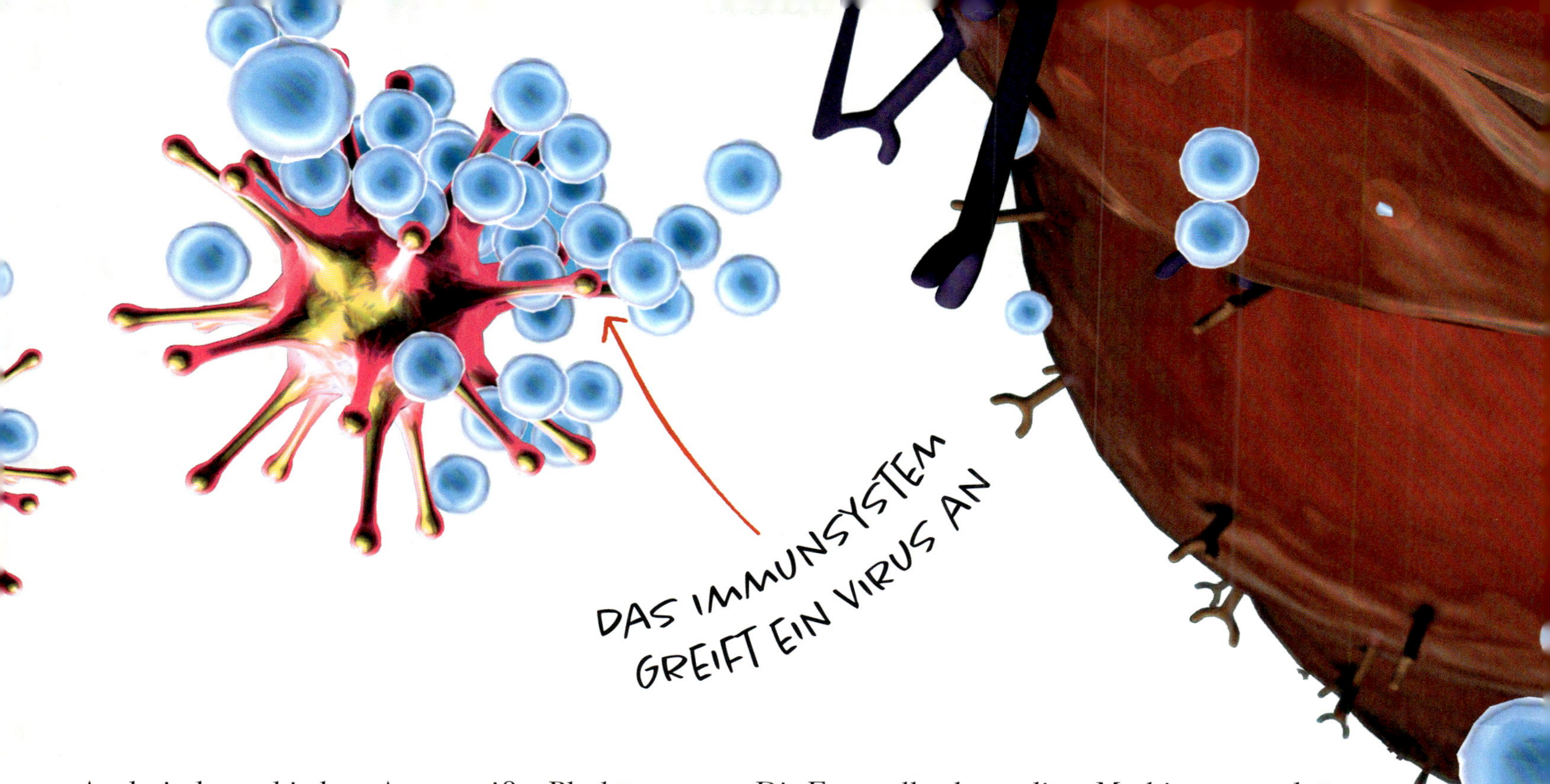

„Auch sind verschiedene Arten weißer Blutkörperchen ständig auf Patrouille und halten Bösewichte in Schach. In beiden Fällen werden Fresszellen informiert, die sich über die Eindringlinge stülpen und sie zersetzen“, erklärte Tante Sarah weiter. „Das ist das erste Abwehrkommando und arbeitet in den ersten 12 Stunden einer Infektion. Setzen sich die ungebetenen Gäste allerdings zur Wehr oder werden nicht erkannt, treten die B-und T-Zellen auf den Plan. Die B-Zellen bilden sogenannte Antikörper, mit denen die Angreifer unschädlich gemacht oder zumindest markiert werden können. Die Fresszellen lesen diese Markierung und töten die Schädlinge ab. Ist der Kampf erfolgreich überstanden, kommen die Gelehrten unter den weißen Blutkörperchen, die Gedächtniszellen zum Zug. Sie protokollieren die Eigenschaften des Angreifers und wie er besiegt wurde, sodass der Körper für das nächste Mal gewappnet ist.“

„Unglaublich! Wie die Zellen zusammenarbeiten!“, staunten die Kinder. „Kein Wunder, dass man dabei Fieber bekommt!“

„Ja, das hilft übrigens auch, weil weder Viren noch Bakterien es gern warm haben.“

Rote Blutkörperchen (Erythrozyten) bringen den Sauerstoff von den Lungen in alle Bereiche des Körpers.

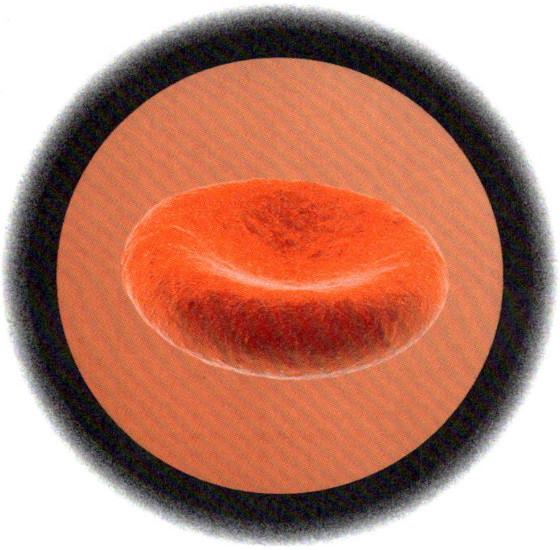

Weiße Blutkörperchen (Leukozyten) dienen der Abwehr von Infektionen. Es gibt verschiedene Typen mit unterschiedlichen Aufgaben.

Blutplättchen (Thrombozyten) verschließen Wunden, indem sie sich aneinander und an das umliegende Gewebe heften.

WIE WIRD MAN KRANK?

Es kann aber passieren, dass die weißen Blutkörperchen nur langsam mit den Eindringlingen fertig werden und dem Körper selbst mit seinen eigenen Waffen schaden. Besonders wenn Bakterien mit ihren Giften ins Blut gelangen und schnell im gesamten Körper verteilt werden, muss der Körper an vielen Stellen gleichzeitig reagieren. Bei schweren Viruserkrankungen ist das Problem, dass die Viren viele Zellen zerstören und dabei auch die Abwehrzellen befallen", setzte Tante Sarah fort.
„Aber wie gelangen die Erreger so schnell ins Blut?", fragte Lara.
„Zum Beispiel durch eine Wunde. Wird die Haut verletzt, können Krankheitserreger eindringen. Unsere Abwehr wird sofort viel Blut in diese Öffnung fließen lassen, deswegen erscheint die Stelle rötlich geschwollen. So sind schnell weiße Blutkörperchen vor Ort, um die eingedrungenen Erreger zu bekämpfen. Durch das gerinnende Blut wird die Stelle verschlossen."

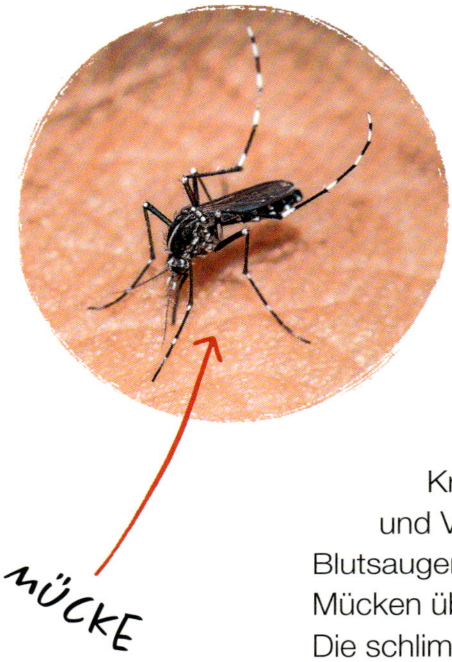

Krankheitserreger, wie Bakterien und Viren können auch durch Blutsauger in den Körper gelangen. Mücken übertragen zum Beispiel Malaria. Die schlimme Seuche Pest wurde von Flöhen verbreitet.

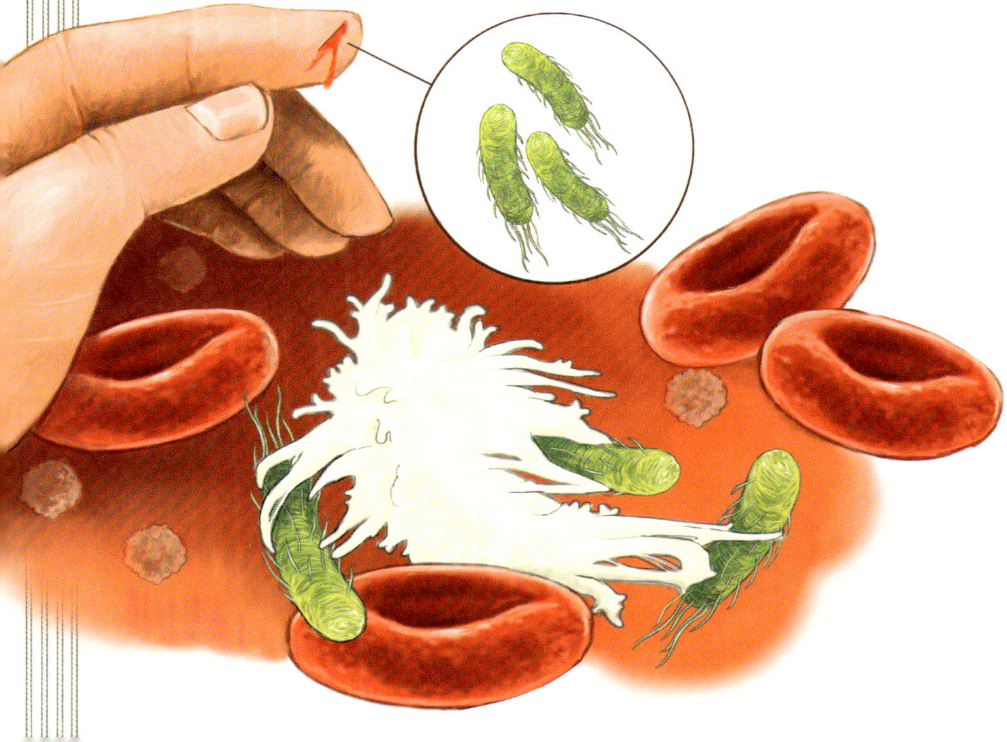

HIV

HIV steht für Humanes- Immundefizienz-Virus. Dieses Virus greift ausgerechnet die Abwehrzellen des Körpers an, sodass diese außer Gefecht gesetzt werden. Viele Menschen sterben dadurch an sonst banalen Infektionen.

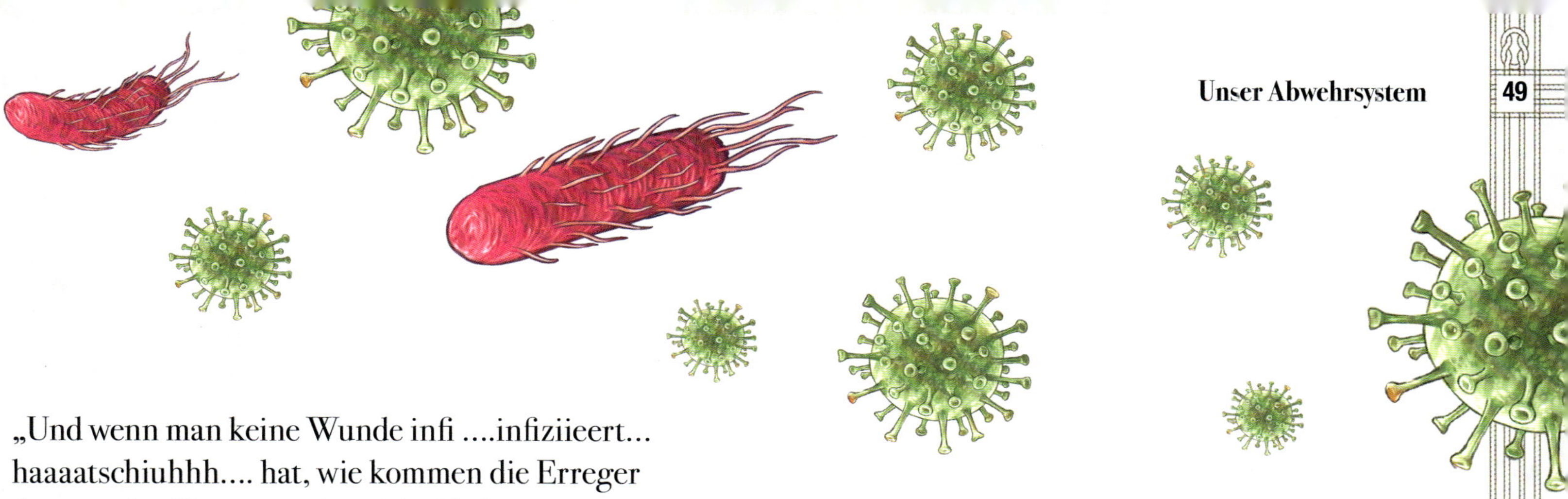

„Und wenn man keine Wunde infi ….infiziieert… haaaatschiuhhh…. hat, wie kommen die Erreger dann in den Körper und ins Blut?", fragte Luca mit einem lautstarken Nieser. Schnell hatte er sich die Armbeuge vor den Mund gehalten. Aber da er nur ein kurzärmliges T-Shirt trug, betrachtete er nun hilflos seine nasse Haut. Die Tante lachte und reichte ihm ein Papiertuch aus einem Spender.

Größenverhältnis

Bei jedem Atemzug stößt ein Mensch 1.000 bis 50.000 Tröpfchen von 1 Mikrometer Größe aus. Wenn wir niesen, sind die Tröpfchen größer, nämlich bis zu 20 Mikrometer. Bakterien und Viren sind noch viel kleiner.
Wenn ihr ein Bakterium wärt, dann wäre eine Bleistiftspitze für euch so groß wie ein Berg.

„Wenn ich dich jetzt am Arm nehmen und danach mein Frühstück aus der Hand essen würde, dann hätten wir ein perfektes Beispiel einer sogenannten Schmierübertragung. Das geht aber auch ohne so einen Mega-Nieser!", sie zwinkerte ihm zu.
„Schon beim Atmen und Sprechen geben wir ständig Tröpfchen ab. Deswegen spricht man von einer Tröpfchenübertragung, wenn man davon etwas abbekommt."
„Es heißt ja, dass diese Tröpfchen etwa 1,5 Meter weit fliegen", überlegte Lara, „aber wenn starker Wind weht, können die dann weiter kommen?"
„Ja sicher! Das ist, wie wenn es nieselt und starker Wind weht. Da kommt der Regen auch unter den Schirm. Außerdem werden sie durch Aerosole, also feinste Wassertröpfchen in der Luft, wie sie in Räumen mit vielen Menschen entstehen, viel weiter getragen."

Beim Husten oder Niesen stoßen wir Tröpfchen aus. In ihnen sind auch Bakterien und Viren enthalten.

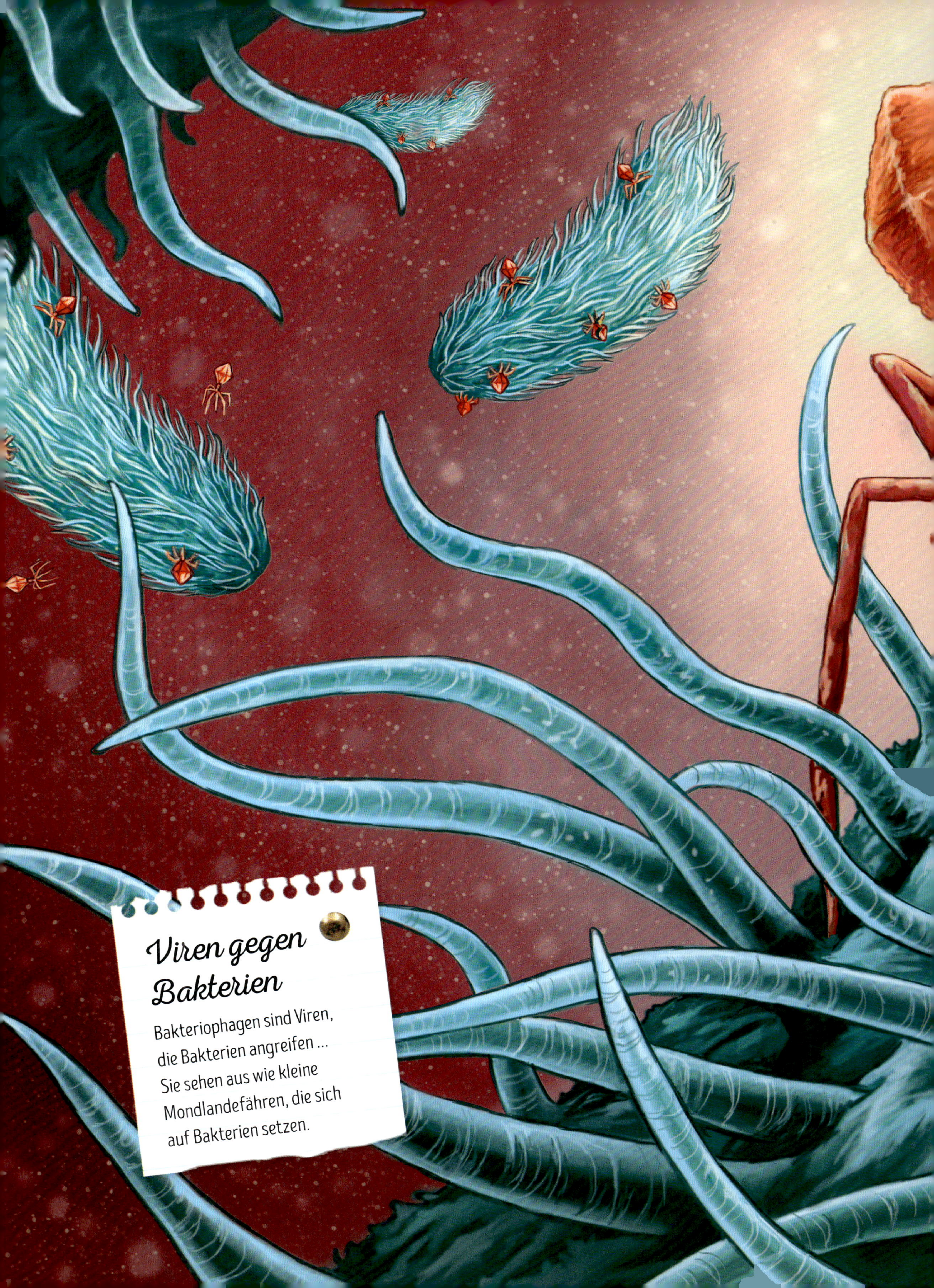

Viren gegen Bakterien

Bakteriophagen sind Viren, die Bakterien angreifen … Sie sehen aus wie kleine Mondlandefähren, die sich auf Bakterien setzen.

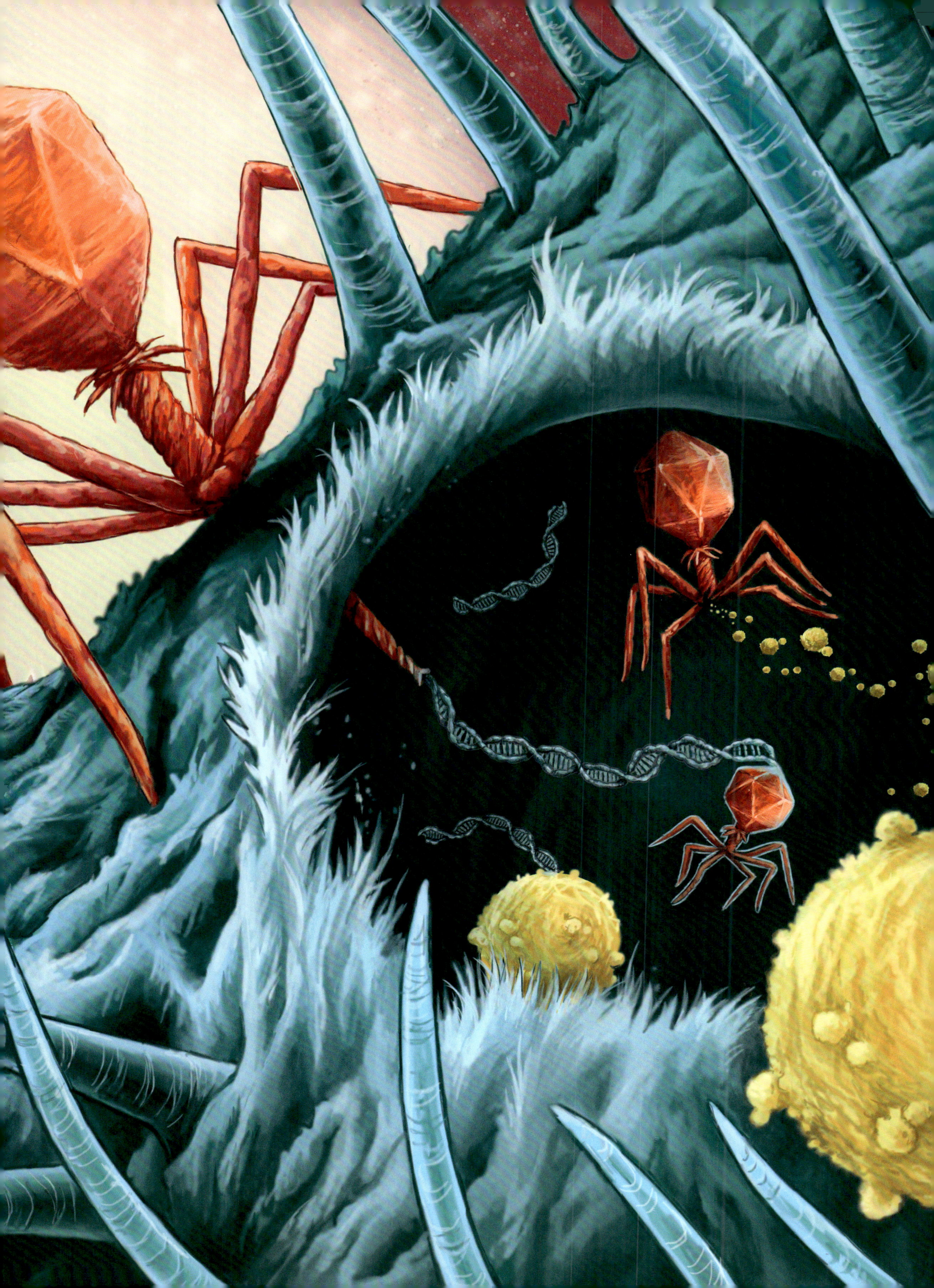

1 *Norovirus*
2 *HI-Virus*
3 *SARS-CoV-2*
4 *Ebolavirus*

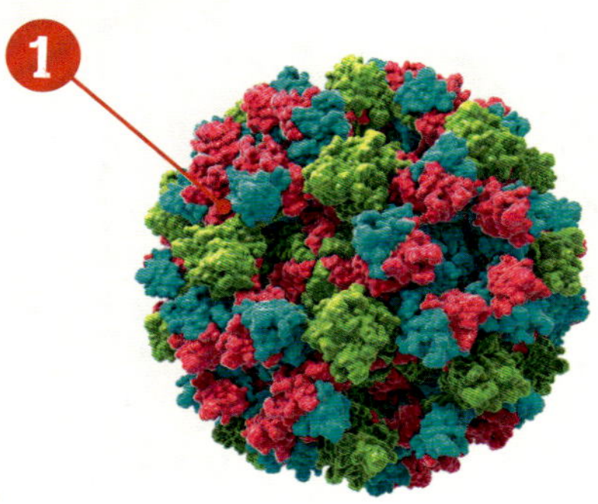

WENN VIREN GEGEN BAKTERIEN …

Ich habe gehört, dass Viren viel kleiner sind als Bakterien. Gibt es eigentlich auch Viren, die Bakterien angreifen?", wollte Lara wissen.

„Aber hallo", entgegnete Tante Sarah begeistert. „Bakteriophagen machen genau das. Sie lassen ihr Erbgut in die Zelle hineinfließen, produzieren Stoffe, die das Erbgut der Zelle zerschnippeln und aus den Teilchen hunderte neue, kleine Viren basteln. Sind diese fertig, bringt ein weiterer chemischer Stoff die Zelle zum Platzen, sodass die Viren freikommen und das Spiel beginnt von vorne."

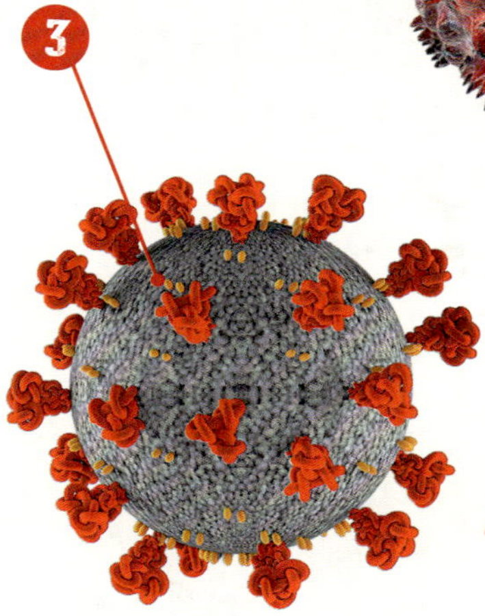

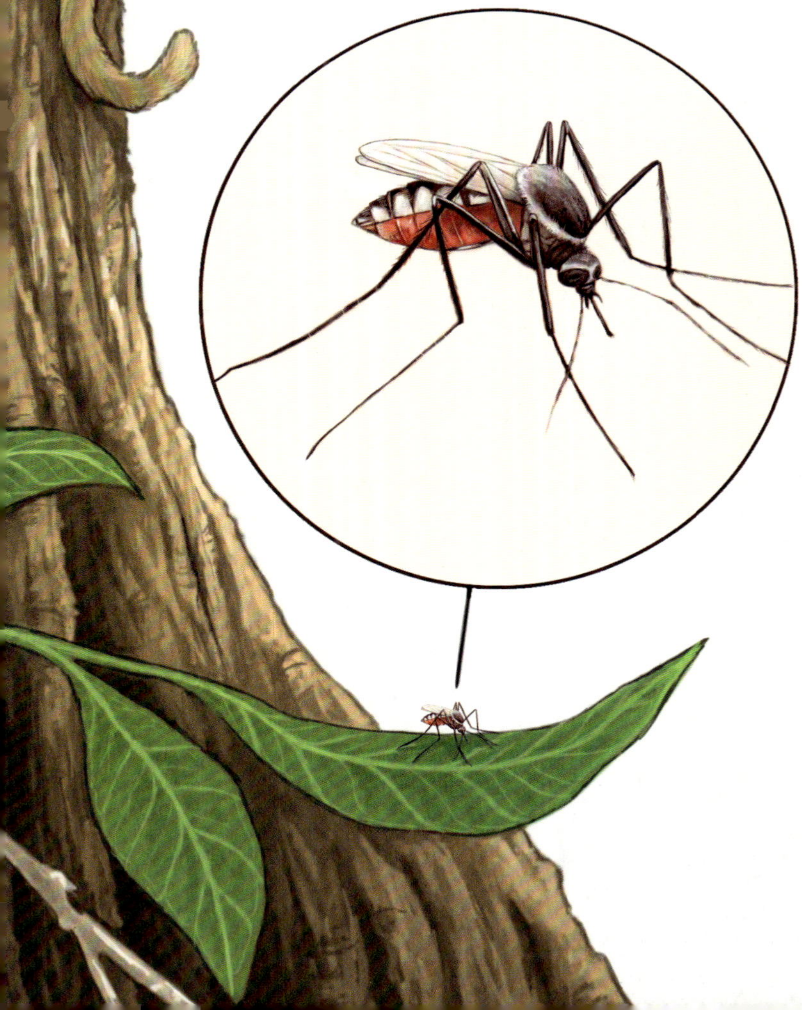

BEKANNTE KRANKHEITEN

Und welches sind bekannte Krankheiten, die durch Bakterien übertragen werden?", fragte Luca.

„Die Pest zum Beispiel, Thyphus oder Keuchhusten. Dann natürlich Magen-Darm-Krankheiten, wie die Cholera oder die Salmonellenvergiftung."

„Und typische Viruskrankheiten?"

„Am bekanntesten sind wohl die jährliche Grippe, die durch Influenzaviren ausgelöst wird, oder die Magen-Darm-Infektion, die die Noroviren verursachen. Danach kommen AIDS, das Ebolafieber und die, teils sehr schwere, Krankheit COVID 19, die durch SARS-CoV-2 entsteht."

„Und welche Möglichkeiten haben wir, uns zu schützen, wenn unser Körper es nicht alleine schafft?"

WIE KÖNNEN WIR UNS SCHÜTZEN?

„Gehen wir zum Rasterelektronenmikroskop – da kann ich euch das besser erklären."
Dort angekommen, starrten die Kinder voller Staunen auf das große Schaltpult und die Monitore.
„Hier seht ihr ein Virus, auf dessen Dornen sich Antikörper setzen können, sodass es nicht mehr an andere Zellen andocken kann. Wie gesagt, merkt sich der Körper, wie Erreger bekämpft wurden und das auf viele Jahre. Deswegen geben wir dem Körper abgeschwächte Erreger, die er mühelos bekämpfen und später auch wiedererkennen kann. Das ist das Prinzip des Impfens."
„Wie schlau! Und wer hat das herausgefunden?", fragte Lara.

Rasterelektronenmikroskop

Hier entsteht das Bild, indem man einen Elektronenstrahl auf ein Objekt richtet und es damit abtastet. Die abprallenden Elektronen erzeugen ein Rasterbild.

DIE ERSTE IMPFUNG

Das ist eine haarsträubende Geschichte. Vor etwa 200 Jahren starben viele Menschen an der Krankheit Pocken. Melkerinnen erkrankten nur selten daran – dafür hatten sie oft eitergefüllte Pocken an den Händen, wie auch Kühe sie bekamen. Der englische Arzt Edward Jenner folgerte, dass wer die Kuhpocken überstanden hatte, nicht mehr an den Menschenpocken erkrankte. So führte er 1796 einen Versuch am lebenden Objekt durch – dem Sohn seines Gärtners!"

Vakzination

Der Begriff Vakzination für Impfung, kommt vom lateinischen Wort *vacca*. Das wiederum übersetzt *Kuh* heißt. Das ist auf den ersten Versuch von Edward Jenner mit den Kuhpocken zurückzuführen.

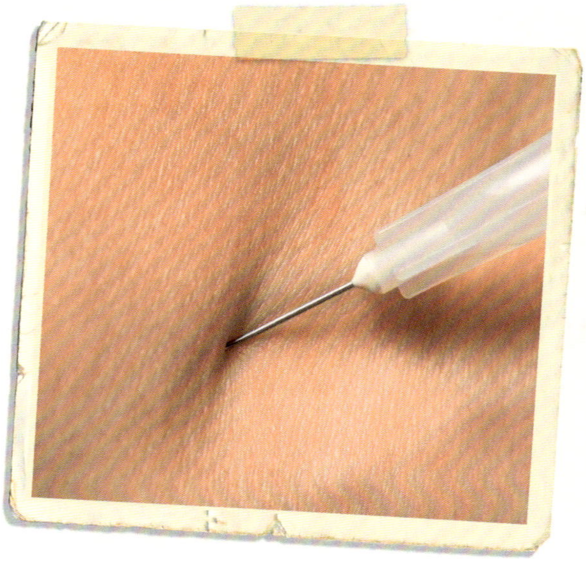

Impfungen sollen helfen, gefährliche Krankheiten weltweit auszurotten. Die Idee dazu hatte der französische Wissenschaftler Louis Pasteur.

„Er entnahm dafür etwas Flüssigkeit aus den Kuhpocken einer Melkerin, ritzte den Arm des Jungen leicht ein und gab die Flüssigkeit darauf. Als er einige Wochen später versuchte, den Jungen mit den Menschenpocken zu infizieren, blieb dieser kerngesund. Der Versuch war geglückt – und das Prinzip der Impfung erfunden."
„Aber wie gefährlich! Das kann man doch nicht machen!"

„Heute ginge das nicht mehr, aber durch die Impfung wurde diese Krankheit weltweit ausgerottet", erklärte Tante Sarah. „Die Idee gegen alle Krankheiten Impfstoffe herzustellen, kam dann übrigens von dem großen Louis Pasteur."
„Louis Pasteur? War das nicht der mit der Milch?"

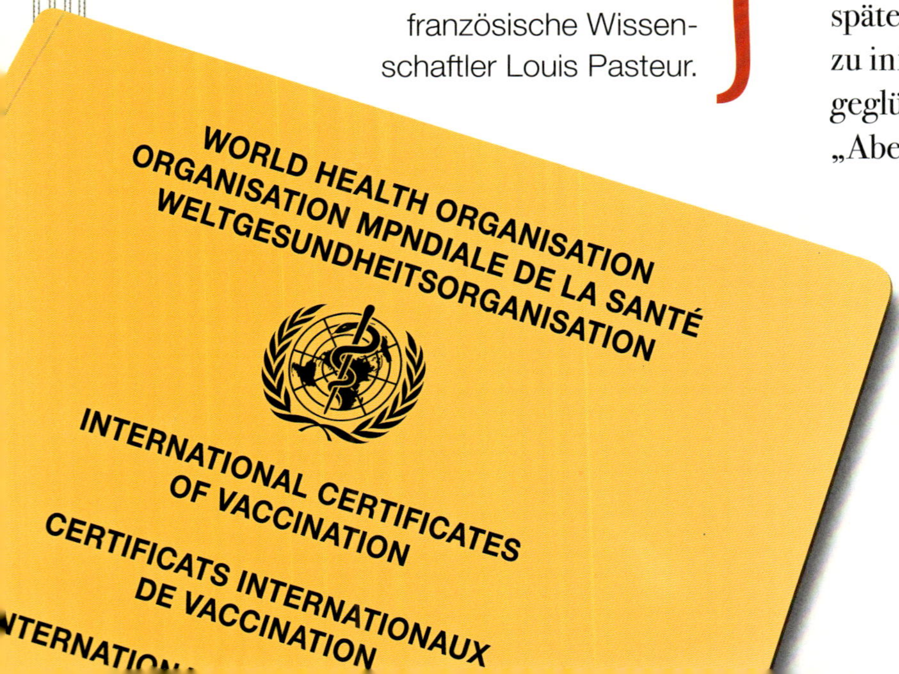

WOHER KOMMEN KRANKHEITEN?

Ja genau. Er untersuchte, wie man Bakterien loswerden konnte, um Tierkrankheiten zu heilen. Berühmt wurde er dafür, dass er einen Impfstoff gegen Tollwut entwickelte, die ja eigentlich eine Tierkrankheit ist – wie so viele!", bestätigte Tante Sarah.
„Wieso, wie-so-viele? Woher kommen denn Krankheiten?", wollte Luca wissen.
„Tja, die letzten schlimmen Erreger, so wie das Ebola- und Marburg- oder auch das HI-Virus kommen von wilden Tieren, oft aus tropischen Gebieten. Von Fledertieren, Affen oder Präriehunden."

mRNA-Impfstoff

Messenger RNA (mRNA) ist eine Art von schlauem Boten, der Informationen an unsere Zellen übermitteln kann. Mit diesen Informationen sind unsere Zellen in der Lage, eine Immunantwort zu produzieren, die uns vor gefährlichen Viren schützt.

Übertragung

Auch Tiere können Krankheiten bekommen, und wenn sie diese auf uns übertragen, kann das gefährlich werden. 1918 brach auf der ganzen Welt die *Spanische Grippe* aus, die erst von Wildgänsen auf Hausschweine und dann auf den Menschen übertragen wurde.

„Viele Tiere in diesen Gebieten tragen seit Ewigkeiten Viren in sich, werden davon aber nicht krank. Ich habe vorhin gesagt, dass die Viren Zerstörungsmaschinen sind. Aber eigentlich ist das nicht korrekt. Es ist von der Natur nicht so gedacht, dass der Wirt stirbt, da es für die Viren das eigene Ende bedeutet!"
„So wie, wenn wir in ein Restaurant gehen und alles kaputtmachen, bevor wir essen?", fragte Luca.
„Genauso. Die Tiere und ihre Viren und Bakterien haben sich über lange Zeit aneinander angepasst und leben friedlich miteinander. So wie wir auch mit den Viren und Bakterien, die wir stets in uns tragen."
„Haben wir denn auch Viren in uns, die nicht böse sind?"
„Aber ja. Das wissen wir noch nicht so lange, aber es ist so. Wir forschen daran herauszufinden, welche Aufgabe sie in uns haben."

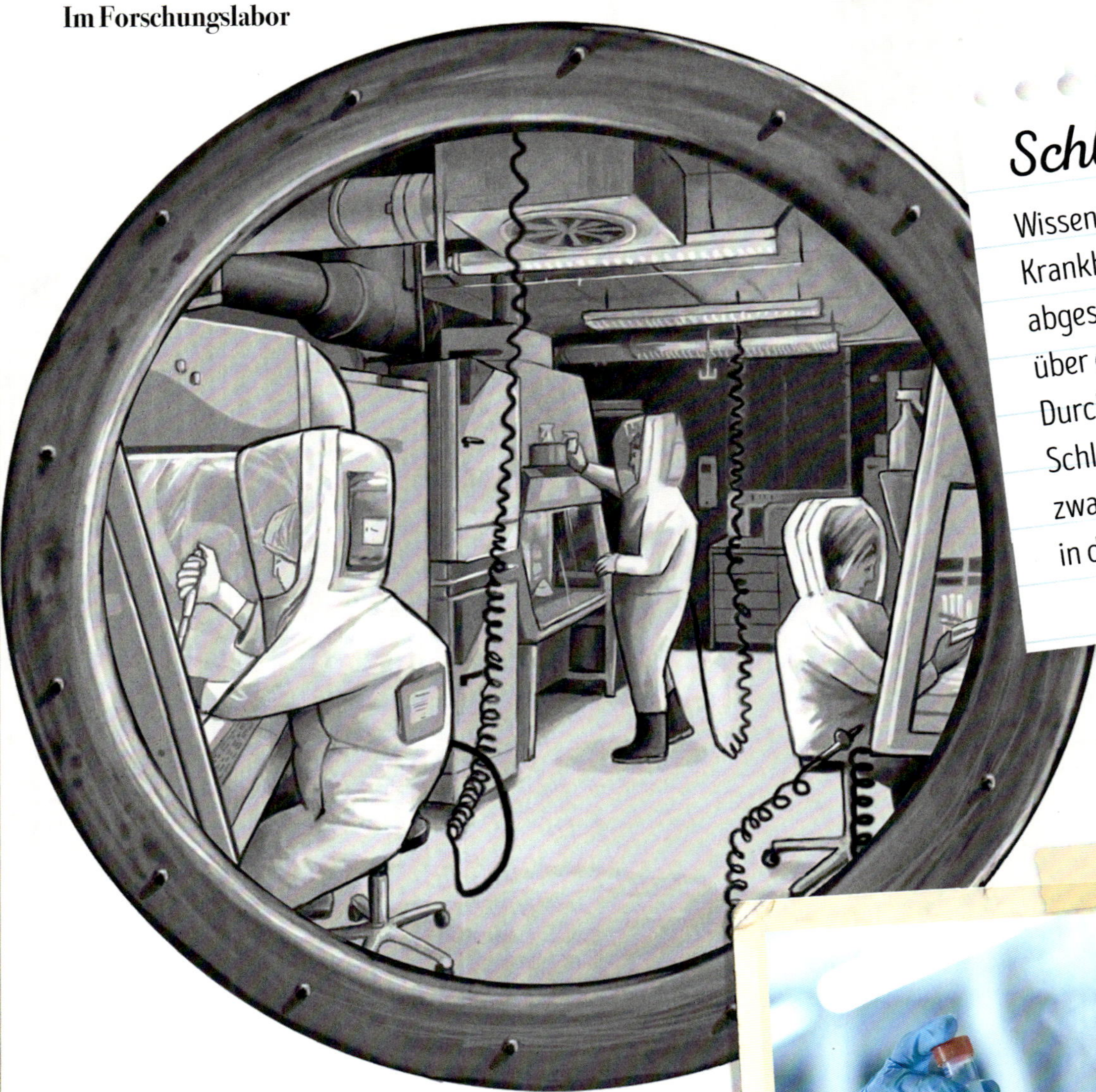

Schleuse

Wissenschaftler erforschen gefährliche Krankheitserreger in einem streng abgeschirmten Labor. Dieses kann nur über eine Schleuse betreten werden. Durch einen höheren Luftdruck in der Schleuse als im Labor kann die Luft zwar in das Labor strömen, nicht aber in die umgekehrte Richtung.

ÜBERTRAGUNGSWEGE

Da wir Menschen immer weiter in die Urwälder vordringen, sei es auf Abenteuerreise als Tourist, sei es aus Hunger, um zu jagen, riskieren wir auch, mit neuen Viren in Kontakt zu kommen und sie aus dem Urwald heraus in die ganze Welt zu tragen. Auch durch Tiere, die gefangen und in die Welt verschickt werden, werden neue Krankheiten ausgelöst, wie im Falle des Marburgfiebers."

„Was ist da passiert?", fragte Lara.

„An einem Pharmainstitut in Marburg starben 1967 mehrere Menschen an dieser Krankheit, die offensichtlich von einem Laboraffen aus Uganda infiziert worden waren."

„Kann denn so etwas hier auch passieren?", fragte Luca besorgt.

„Tja, auch dieses Forschungsinstitut beherbergt tatsächlich ein Hochsicherheitslabor für Viren. Drei Stockwerke höher liegt es. Zwischen diesem Stockwerk und dem mit dem Labor und dann auch darüber befinden sich nur Rohre, Luftfilter, Abwasserreinigungsanlagen, Kühlsysteme und all sowas, um nichts nach draußen gelangen zu lassen."

Plötzlich klingelte das Telefon und Tante Sarah nahm das Gespräch an: „Ja hallo ... ja, ... gut, ich komme."

Sie legte auf. „Meine Sendung aus Graz – bin gleich wieder da!", sagte sie und verschwand.

SICHERHEIT IM LABOR

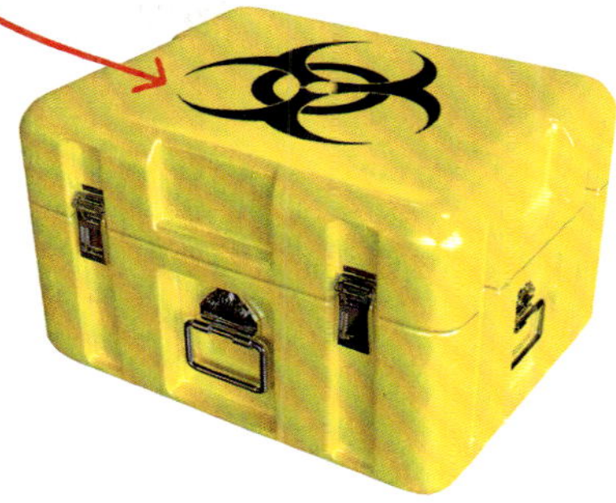

Als Tante Sarah wiederkam, erklärte sie: „Wir erwarten diese hochbrisante Sendung aus Graz. Offensichtlich hat sich ein Österreicher mit dem Affenpockenvirus infiziert. Er hatte einen Zwergsiebenschläfer aus Afrika mitgebracht, der das Virus trug. Der Mann ist daran gestorben. Da wir das alte Virus hier zur Sicherheit lagern, sollen wir das Blut des Verstorbenen auf das Virus hin untersuchen und mit dem ausgerotteten Virus vergleichen.
Ich musste die Sendung persönlich in den Sicherheitstrakt bringen, weil nur eine Handvoll Wissenschaftler Zugang zu dem Labor haben. Sie werden über Jahre ausgebildet und geprüft, ob sie auch in einer Notsituation die richtigen Entscheidungen treffen könnten."

„Was sind das für Notsituationen?"
„Oh, es ist schon vorgekommen, dass Wissenschaftler sich aus Versehen selbst ein gefährliches Virus verabreicht haben. Daher tragen wir jetzt so eine Art Raumanzug. Der wird ständig aufgeblasen, um atmen zu können und um nicht vor Hitze umzukommen."
„Wie aufwendig! Mal eben schnell etwas zu untersuchen, geht dann wohl nicht mehr", sagte die Großmutter.
„Nein – ist aber besser so."
„Und wenn man für bestimmte Krankheiten noch keinen Impfstoff hat?", fragte Luca beklommen.

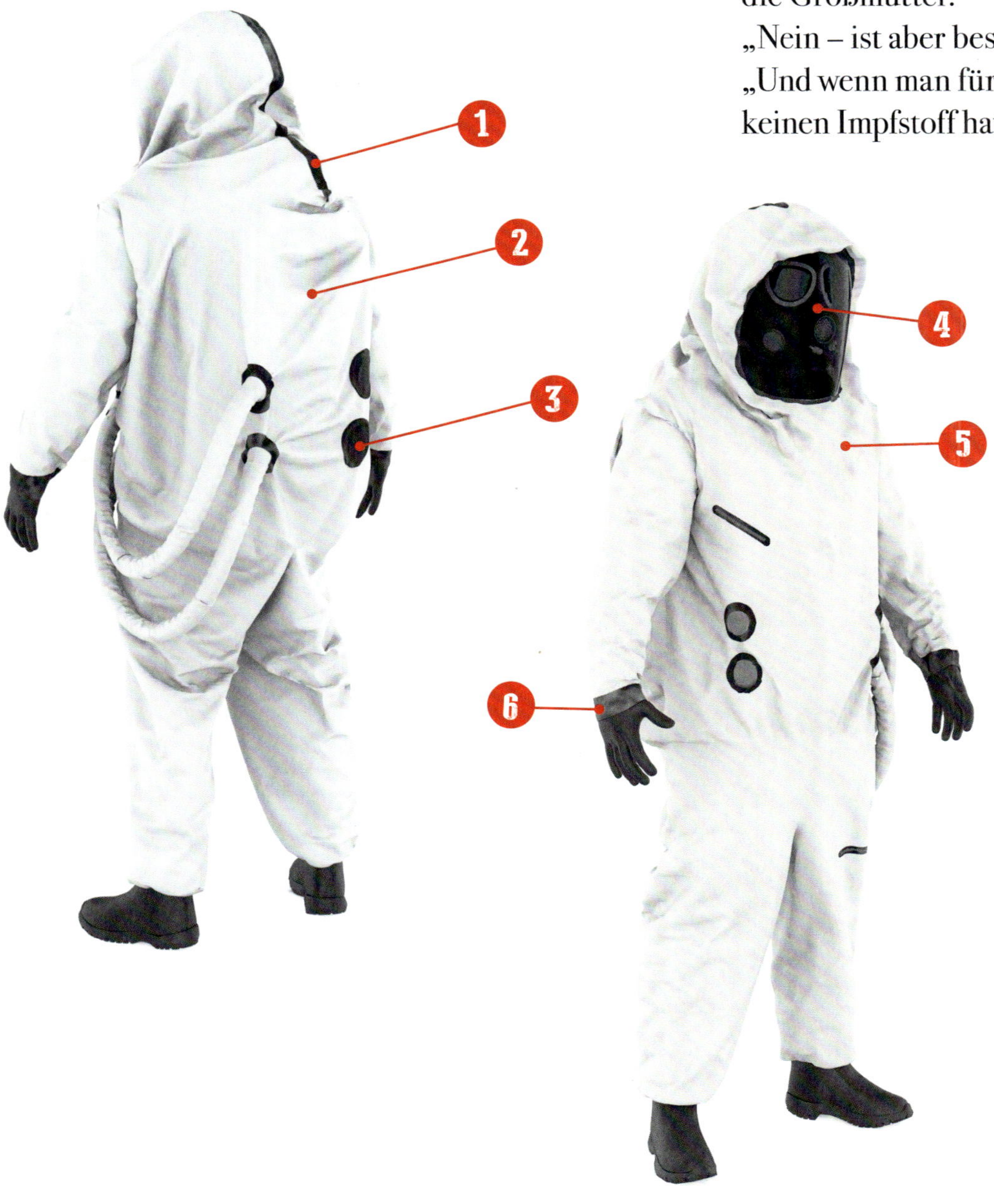

1 *Luftdichter Verschluss*
2 *Sauerstofftank*
3 *Anschlüsse für externe Sauerstoffversorgung*
4 *Atemmaske*
5 *Luftdichter Anzug*
6 *Handschuhe, fest mit dem Anzug verbunden*

ANTIBIOTIKA

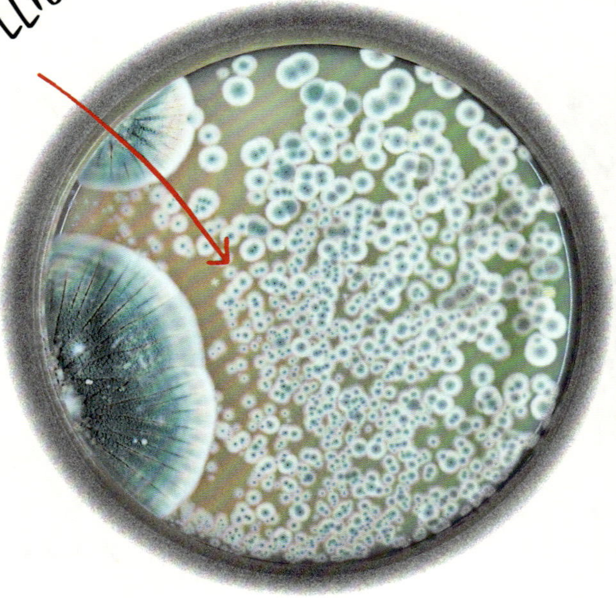

Jaa, für den Fall hat ein vom Glück gesegneter Forscher, Alexander Flemming, 1928 eine tolle Entdeckung gemacht. Er hatte, kurz bevor er in die Ferien fuhr, Bakterien in Petrischalen gezüchtet. Er verließ seinen Schreibtisch, ohne vorher aufzuräumen. Als er zurückkam, machte er eine großartige Entdeckung: In einem der Schälchen hatte sich am Rande etwas Schimmel gebildet und um den Schimmel herum waren die Bakterien gestorben. Wisst ihr was er da entdeckt hatte? – Das erste Antibiotikum! Der Pilz gehörte der berühmten Art *Penicillium* an – ein Pinselschimmel, der die Substanz Penicillin abgibt. So tötet er alles um sich herum ab, um alle Nährstoffe der Umgebung für sich allein zu haben."

„Ähm, aber die Pilzkulturen, die für Schimmelkäse genutzt werden, heißen auch *Penicillium* – vielleicht macht Brie essen ja gesund!?", fragte Luca.
„Das wäre toll, wir können dazu ja mal eine Versuchsreihe starten."
„Aber was macht denn das Penicillin mit den Bakterien?", fragte Lara.
„Es verhindert, dass Bakterien nach der Zellteilung eine starke Zellwand bilden können, sie platzen praktisch."
„Und, hilft das nicht auch gegen Viren?"

Antibiotika

Das Wort kommt aus dem Griechischen und setzt sich aus zwei Wörtern zusammen, *anti* bedeutet *gegen* und *biotikos* bedeutet *zum Leben gehörig*. Wörtlich also *gegen das Leben*, weil dadurch Bakterien getötet werden. Antibiotika sollten immer nur gezielt eingenommen werden.

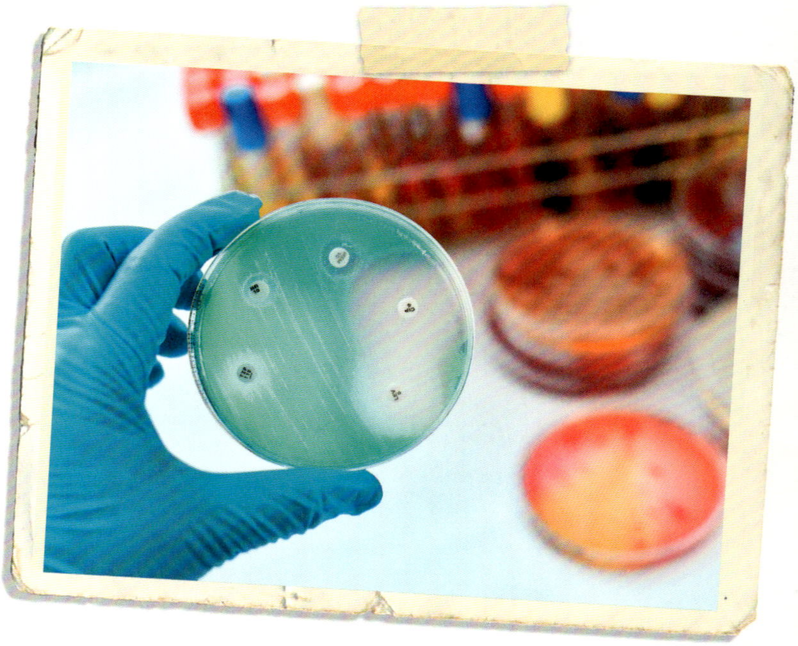

Im Labor werden oft Petrischalen verwendet. Diese besonderen Schalen wurden nach ihrem Erfinder, Julius Richard Petri, benannt.

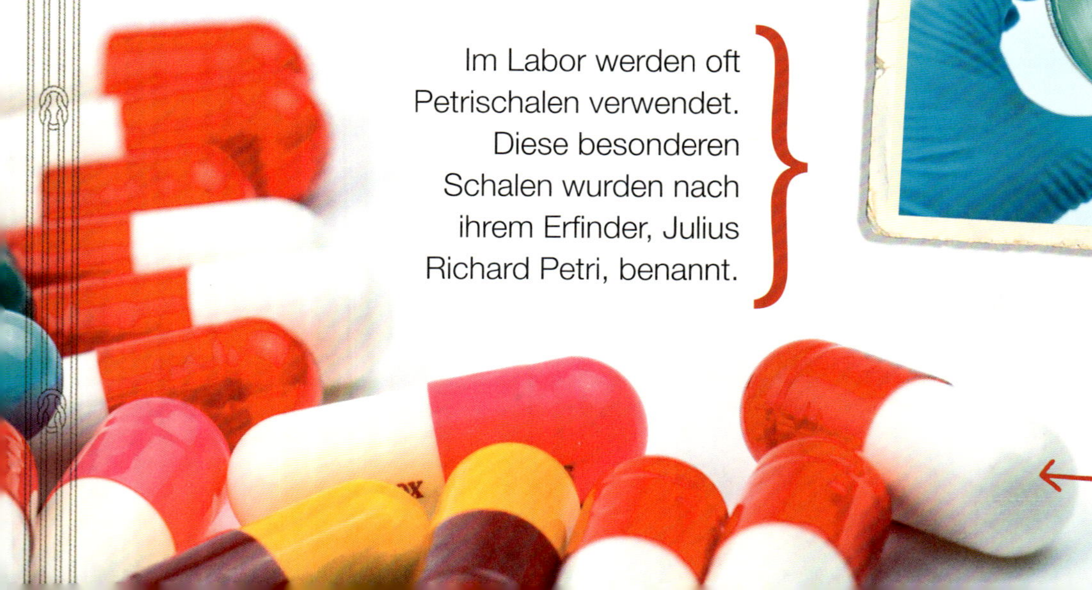

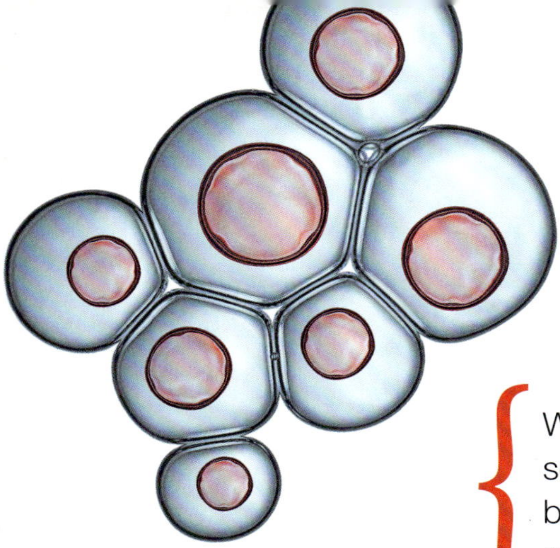

Wenn Zellen sich teilen, sehen sie aus wie Seifenblasen, die dicht nebeneinander liegen.

Masken können vor der Übertragung von Viren und Bakterien schützen.

„Nein, Viren haben keine Zellwand in dem Sinne. Sie haben eine Art Fetthülle, die sich meist am besten, wie Küchenfett, mit Seife lösen lässt."
„Und Alkohol und Desinfektionsmittel?"
„Funktionieren bei Bakterien ganz gut, aber bei Viren nicht immer, es hängt von der Zusammensetzung der Hülle ab. Gegen Viren entwickeln wir spezielle Arzneimittel, sogenannte Virostatika.

So, nun ist aber Schluss mit den schrecklichen Krankheiten. Jetzt gehen wir nochmal in das Labor, in dem erforscht wird, wie wir Bakterien nutzen können – ‚unsere kleinen Helferlein', wie eure Mutter immer sagt."

Im Labor trafen die Kinder auf ihre Mutter und Tante Sarah entschuldigte sich für einen Moment.

Virostatika

Arzneimittel, die gegen Viren eingesetzt werden, heißen Virostatika.
Virostatika wirken auf verschiedene Weise:

1. Sie verhindern, dass Viren eine Wirtszelle erkennen.
2. Sie zerstören die Hülle der Viren.

„Mama, wieso nennst du Bakterien deine ‚kleinen Helferlein'? Wie bringst du sie dazu, dir zu helfen?", wollte Lara wissen.
„Wir können den Bakterien natürlich nicht erklären, was sie machen sollen, also funktioniert das Ganze nach dem Prinzip: *Eine Hand wäscht die andere.*"
„Und wie soll das gehen!?", fragte Luca.
„Ihr wisst ja schon, dass Bakterien alles zersetzen, tja, und das können wir zum Beispiel für unsere Wäsche nutzen. Wir setzen nicht die Bakterien selbst in das Waschpulver – bei Waschgängen von 60 °C bis 90 °C würden sie an den Temperaturen sterben. Aber wir können die Substanzen, die sie produzieren, die sogenannten Enzyme, dem Waschmittel zugeben, sodass es noch sauberer wäscht."

GMO-ESSEN

Man hat auch versucht, Pflanzen mithilfe von Bakterien widerstandsfähiger gegen Krankheiten, Schädlinge oder Pilzbefall zu machen. Das ist aber ein bisschen in Verruf geraten."
„Meinst du das ‚GMO-Essen'?", fragte Luca. „Das haben wir schon in der Schule durchgenommen."
„Was heisst eigentlich GMO?", fragte Lara.
„Genetisch modifizierte Organismen. Harry hat euch auch von den Pflanzenkrankheiten erzählt, stimmt's? Es gibt Pflanzen, die werden sehr stark von Krankheiten befallen oder durch Parasiten geschädigt, während andere eine Methode entwickelt haben, sich dagegen zu wehren."
„Wie Brennnesseln?", fragte Luca.

Genverändert

Vor etwa 50 Jahren konnten Wissenschaftler erstmals das Erbgut eines Bakteriums entschlüsseln. Damit ergaben sich neue Möglichkeiten, bestimmte Eigenschaften von einer Pflanze auf eine andere Pflanze zu übertragen.

Werden wir in Zukunft Bananen bekommen, die nach Mais schmecken oder Melonen, die wie Ananas aussehen?

„Genau – deswegen hat der Mensch schon immer versucht, verschiedene Pflanzen miteinander zu kreuzen, um stärkere Pflanzen zu entwickeln. Wieso also nicht gleich den Teil des Erbguts, in dem steht, wie man solche brennenden Härchen baut, direkt zum Erbgut anderer Pflanzen geben, um sie widerstandsfähiger zu machen?"
„Schlau, und – ich weiß schon!", sagte Lara.
„Als Kopiermaschinen nutzen wir Bakterien", ergänzten die Kinder im Chor.
Die Mutter sah sie erstaunt an. „Na ihr seid ja schon richtige Experten – toll! Genau, wir machen das, wie bestimmte Viren, die sich auf Bakterien setzen, ihr Erbgut hineinspritzen und sich reproduzieren lassen."

GEN-MEDIZIN

„Nach diesem Prinzip kopieren wir alle Erbgutschnipsel, die für uns nützlich sind – übrigens auch den Stoff Insulin, der für zuckerkranke Menschen (Diabetiker), lebenswichtig ist."
„Wow! Sogar Medikamente kann man mithilfe von Bakterien herstellen!", sagte Luca bewundernd.
„Und wobei helfen dir die Bakterien gerade?"

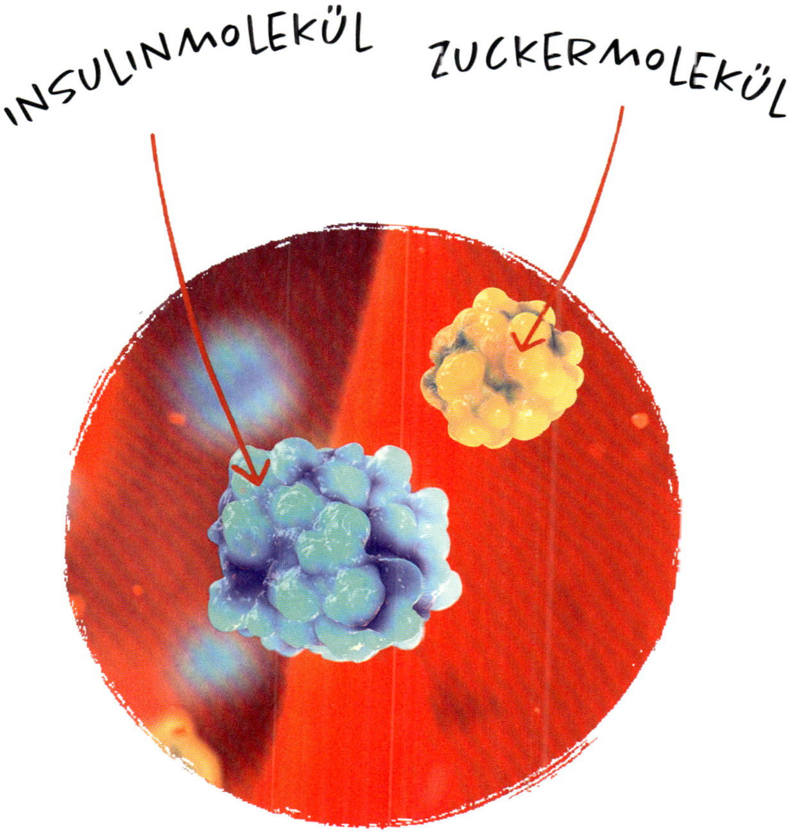

Diabetiker produzieren nicht genug Insulin um Zuckermoleküle in den Körper aufzunehmen.

„Wir arbeiten aber auch mit Bakterien, die unsere schlimmen Umweltsünden aufräumen sollen. Es gibt Bakterien, die fressen gerne Öl, wenn wir das vorher etwas verdaulich machen und seit Kurzem beschäftige ich mich mit Bakterien, die radioaktiv verstrahltes Material fressen, also umsetzen. Für den Fall, dass doch mal ein Reaktorunfall geschieht."
„Wie spannend!", sagte Lara.
„So und nun muss ich dringend weitermachen, denn da sind ein paar Kollegen in den USA, die Ergebnisse von mir erwarten, wenn bei denen die Sonne aufgeht."
Als die Kinder gerade losgehen wollten, kam Tante Sarah wieder herein und machte ein ernstes Gesicht.
„Du wirst es nicht glauben", sagte sie zu ihrer Schwester, „aber es ist schon wieder etwas passiert! Im Amöbenlabor wurde eingebrochen!"

Insulinherstellung

Um Insulin herzustellen, gibt man einer E. Coli-Bakterie den Teil des menschlichen Erbguts ein, auf dem programmiert ist, wie Insulin hergestellt wird. Bakterien vermehren sich, indem sie eine Kopie von allem machen, was in ihnen steckt, inklusive des Insulinrezepts. Das Insulin, das sie dann herstellen, wird entnommen, gereinigt und als Medikament verwendet.

Bakterien können sogar radioaktives Material umsetzen und es so unschädlich machen.

KLEINE MITBEWOHNER

Der Unbekannte hatte im Amöbenlabor eingebrochen – wobei es eher so aussah, als wäre jemand ausgebrochen, statt eingebrochen. Drinnen waren einige Schränke geöffnet und Proben durcheinandergebracht worden. Unterlagen eines Wissenschaftlers lagen durchwühlt und verstreut im Raum, aber sonst war nichts weiter passiert. Ob etwas entwendet worden war, konnte man noch nicht sagen. Wieder war die schleimige Spur gefunden worden und, wie die Male zuvor schon, auch eine seltsame Nachricht:

Mikroben im Haus
bringen's vielleicht hoch hinaus,
doch auch der Milbe geht ohne Pilz
der Garaus.

„Immer irgendwas mit Pilzen!"
„Ja, aber im Institut kriecht 'ne Riesenamöbe herum. Das ist ja kein Pilz, oder?"
„Wollen wir zu Giovanni in die Pizzeria gehen und ihn fragen? Er kannte sich doch damit aus", fragte die Großmutter.
„Gute Idee, auf geht's!", riefen die Kinder.

IMMER WIEDER PILZE

„Immer irgendetwas mit Pilzen, eh? Seltsam!“, sagte Giovanni, als er sich mit etwas Pizzabrot zu den beiden an den Tisch setzte.
„Lasst uns überlegen! Was wissen wir bis jetzt über Pilze? Hier, Luca, hast du einen Block, schreibe auf – wir müssen das systematisch machen, also – … “

1. Pilze leben auf totem und lebendem Untergrund
2. Pilze sondern Flüssigkeit in den Untergrund ab, zersetzen diesen in Bestandteile und saugen diese Flüssigkeit mit Nährstoffen wieder auf
3. Es gibt Pilze, die Essen haltbar machen
4. Pilze wachsen, wo es warm und feucht ist
5. Es gibt Hefepilze, Pilze zum Essen, giftige Pilze

Irrgartenexperiment

Schleimpilze orientieren sich in ihrer Umwelt, indem sie Schleimspuren an Orten zurücklassen, wo sie schon gewesen sind. Durch diese ‚Versuch-und Misserfolg-Taktik‘ haben sie es sogar geschafft durch ein Labyrinth zu finden, an dessen Ausgang etwas Fressbares wartete.

„Es gibt ja nicht zufällig schleimige Pilze oder so was, oder?“, fragte Luca lachend. „Ich meine wegen des Schleims, der gefunden wurde.“
„Du lachst Luca, dabei hast du eine sehr gute Idee. Es gibt tatsächlich so etwas, das heißt Schleimpilz. Es ist aber kein Pilz – es ist den Amöben ähnlicher. Es sind sehr komische Wesen – man kann sie gut mit Haferflocken füttern und sie locken“, grinste er.
„Das könnte doch der Zusammenhang zwischen Pilz und Amöben sein! Vielleicht kommen wir unserem Unbekannten langsam auf die Spur!“
„Verrückt diese ganzen Pilzarten!“, sagte Lara. „Wie vermehren die sich? Teilen sie sich oder machen sie es wie die Viren?“

Sporen sind überall in der Luft. Ein Käsebrot bietet eine gute Grundlage zum Wachsen.

„Nein, so ähnlich wie die Samen von Bäumen. Bei Schimmelpilzen nennt man die Samen Sporen. Sporen sind aber noch viel kleiner als zum Beispiel der Samen der Pusteblume, sie sind so klein wie Staub. Die Luft ist voll von diesen kleinen Sporen und wo sie landen und sich wohl fühlen, da lassen sie lange Hyphen, das sind verzweigte Fäden, in den Untergrund wachsen und nehmen dadurch die Nährstoffe auf. Und wenn sie lange genug gewachsen sind, dann bilden sie neue Sporenkapseln – die Sporangien. Die wiederum können zehntausende neue, kleine Sporen enthalten. Irgendwann platzen die Kapseln und lassen wieder Sporen fliegen."

Sporenkapseln zerplatzen und geben Sporen frei.

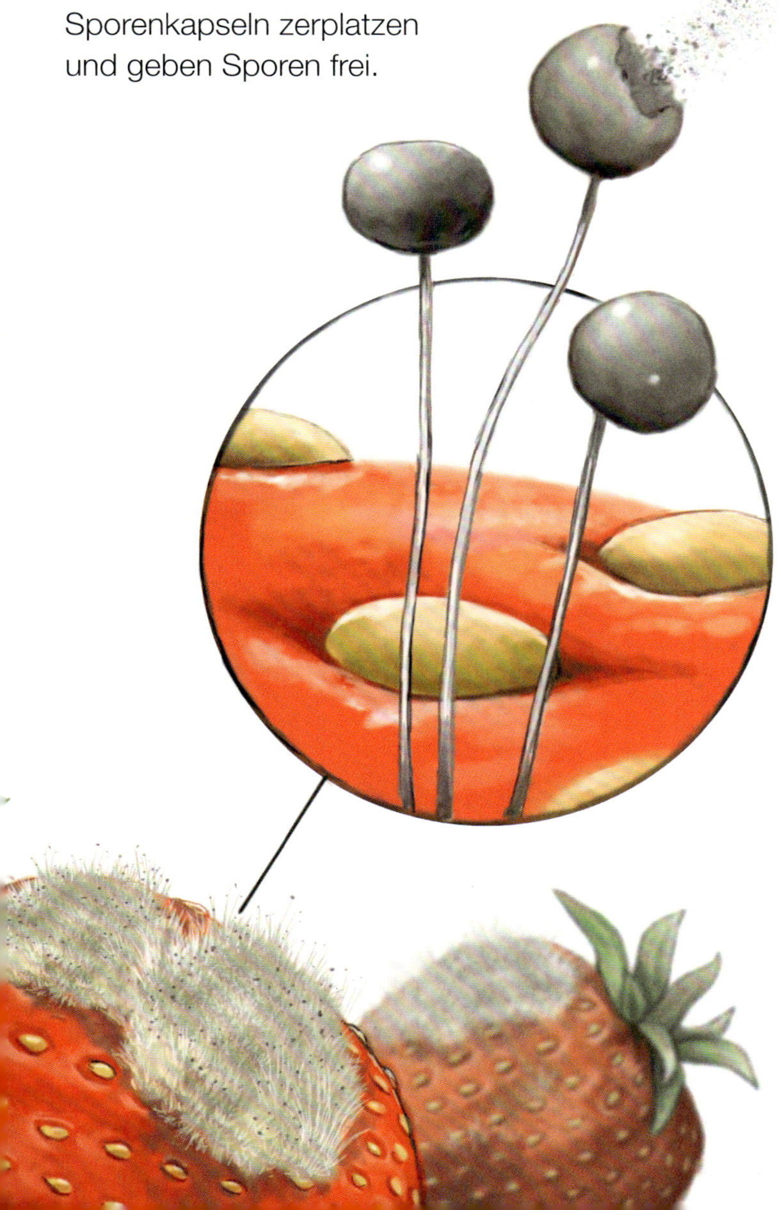

Keine Regeln

Pilze stellen alle Regeln auf den Kopf: Schleimpilze sind Einzeller, auch wenn sie sich weit verzweigen. Bei Schimmelpilz bilden die Zellen lange flauschig aussehende Fäden – die sogenannten Hyphen. Diese sind aus Chitin, dem Stoff, aus dem auch die Außenskelette der Insekten und Krebse sind.

„Jetzt verstehe ich!", rief Lara freudestrahlend. „Deshalb bildet sich auf dem Pausenbrot Schimmel, auch wenn die Brotdose geschlossen war! Weil man gar nicht merkt, dass sich da Sporen drauflegen, während man das Brot zubereitet, stimmt's?"

„Du bist ein sehr schlaues kleines Mädchen", sagte Giovanni grinsend.

LEBENSRETTER

„Und der Pilz löst so dann langsam aber sicher das Brot auf“, dachte Luca laut nach. „So wie auch ... ja, aber natürlich! Mann, sind wir blöd:

Nur ein Pilz kann wacker retten, wo andere die Waffen strecken.

„Er meint das Penicillin. Pilze greifen zwar keine anderen Organismen an, sondern entziehen ihnen einfach die Nahrung, indem sie diese durch einen Stoff zersetzen, der für Bakterien tödlich ist, weil er ihre Zellwände zerreißt. Deswegen kann ein Pilz Leben retten!“, rief Luca. „Wo die Ärzte nicht mehr wissen, was sie tun sollen – also *wo andere die Waffen strecken*.“

„Ok, aber was bedeutet das? Und die anderen Sprüche?“, fragte Lara.

Pilze im Käse, im Boden und Brot helfen sicher auch – gegen vielerlei Not

und

Mikroben im Haus bringen's vielleicht hoch hinaus, doch auch der Milbe geht ohne Pilz der Garaus.

„So heißt der neue Hinweis – wenn es denn einer ist“, sagte Luca. „Was gibt es denn für Mikroben im Haus, Giovanni?“, fragte Lara.

„Ich muss leider jetzt arbeiten. Geht nach Hause und macht euch mit der Lupe auf die Suche. Am besten klebt ihr etwas Klebeband in Schränke und auf Stoffmöbel, um Mikroben zu fangen.“ Er kramte in einer Schublade und beförderte eine Art Taschenlampe hervor.
„Nehmt diese UV-Lampe mit. Die müsst ihr im Dunkeln anschalten. Morgen erzählt ihr mir dann alles, ja?“

Handymikroskop

Es gibt mittlerweile Handyzubehör, mit dem man mikroskopartige Aufnahmen im Mikrokosmos machen kann. Mit einem richtigen Mikroskop kann man das nicht vergleichen, aber man kann schon einen ersten Eindruck bekommen.

Wieder zu Hause gingen die Kinder, mit Becherlupe und Handymikroskop ausgestattet, in ihrer Küche auf Mikrobenjagd.
„Hier gibt es viel zu fressen – alles, was so auf den Boden fällt", sagt Luca, „da finden wir sicher etwas."
Und so rutschten die Kinder über den Küchenfußboden und suchten in allen Ecken und Winkeln.
Sie wurden schnell fündig. Unter der Kartoffelkiste hatte ein winzig kleiner Silberfisch gesessen und nahm Reißaus. Blitzschnell stülpte Luca seine Becherlupe darüber. „Ha, gefangen!"
In dem Moment hörten sie ein Geräusch vom Balkon.

„Was ist los?", kamen die Kinder fragend angerannt.
„Oh je, die Gurken haben ganz scheckige Blätter! Schaut mal!", jammerte der Vater, der gerade seinen Balkongarten pflegte.
„Ist das was Schlimmes?", fragte Luca.
„Das ist sicher das Gurkenmosaikvirus – zum Glück sind es nur zwei Blätter. Die müssen wir gleich ab schneiden. Wisst ihr, dass dieses Virus einen üblen Trick zu seiner Verbreitung nutzt?"
Die Kinder sahen ihn fragend an.
„Es bringt die Pflanze dazu, einen Duft auszusenden, der Blattläusen das Wasser im Munde zusammenlaufen lässt."
„Und dann?", fragte Lara.
„Dann beißen sie ein paarmal kräftig zu und stellen fest, dass die Pflanze eigentlich ziemlich abscheulich schmeckt. Also fliegen sie weiter und tragen das Virus, das sie aufgenommen haben, zur nächsten Pflanze."

Silberfisch

Silberfische gibt es schon seit ca. 300 Millionen Jahren. Sie können bis zu 8 Jahre alt werden. Sie sind sehr nützlich, da sie liebend gern Schimmelpilze und Hausstaubmilben fressen – leider aber auch den Klebstoff in gebundenen Büchern.

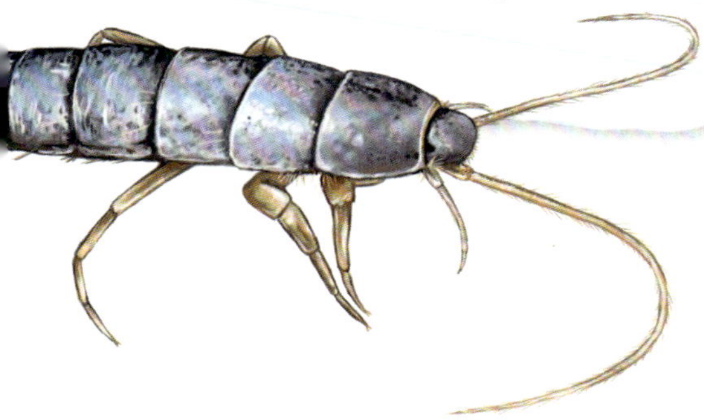

Das Gurkenmosaikvirus verursacht Flecken auf Blättern.

ÜBERALL TIERCHEN

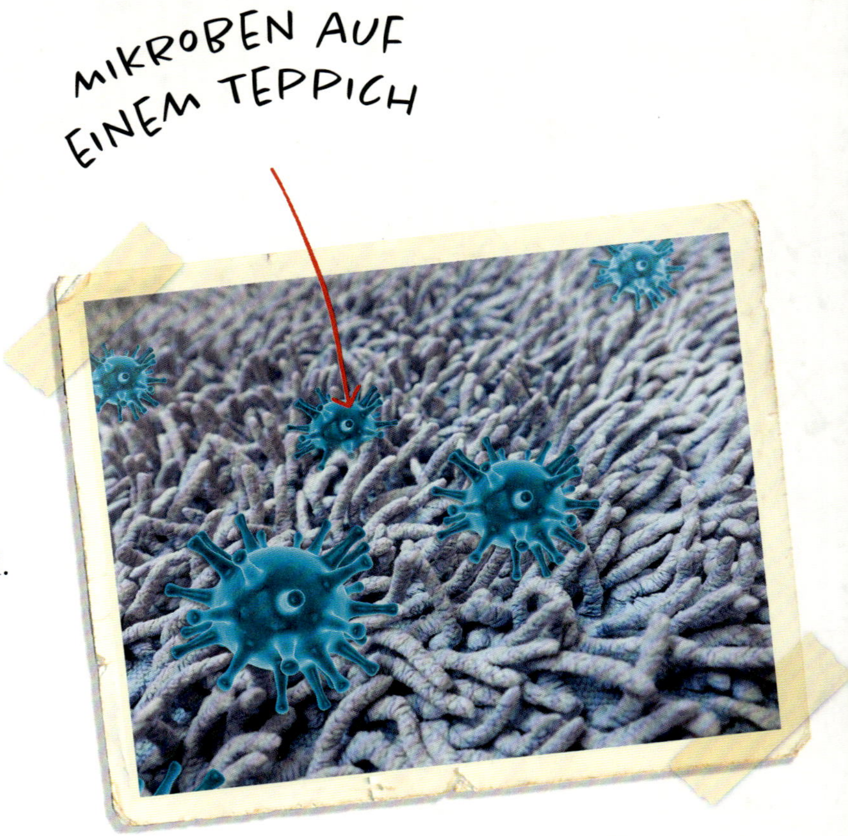

Nachdem die Kinder sich den Silberfisch unter der Lupe angeschaut hatten, ließen sie ihn frei. „Schließlich ist er doch sehr nützlich", hatte Lara beschlossen. „Wo suchen wir jetzt?"
„Tja, hier ist wohl nichts mehr, es ist zu sauber. Weißt du noch im Urlaub die Kakerlake? Zum Glück haben wir hier keine."
„Versuchen wir jetzt mit Klebestreifen etwas zu fangen. Ich lege schon mal einen in den Küchenschrank – dann kleben wir einen Streifen auf den Teppich, aufs Bett und auf – nein nicht auf Teddy – ich möchte gar nicht wissen, ob da jemand wohnt."

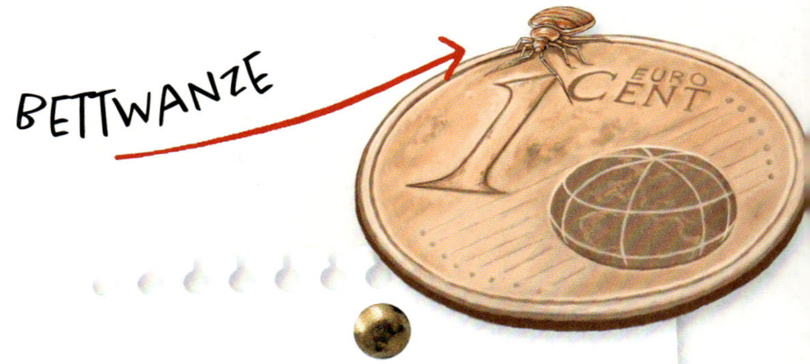

Bettwanze

Bettwanzen erreichen einige Millimeter Länge und können bis zu einem Jahr alt werden. Sie sind Blutsauger, können allerdings mehrere Monate ohne Nahrung auskommen.

„Die Klebestreifen nehmen wir morgen mit zu Oma, um unter dem Mikroskop zu prüfen, ob wir etwas erwischt haben", schlug Lara vor.
„Schau mal in den kleinen Tiger, den du letzte Woche im Urlaub geschenkt bekommen hast! Vielleicht hast du ja eine Bettwanze mitgebracht!", grinste Luca.

„Geht ins Bett – es ist spät!", rief der Vater aus dem Wohnzimmer und die Kinder gingen, ohne zu meckern, schnell zum Zähneputzen. Sie hatten ja schließlich noch so einiges im Dunkeln zu untersuchen.

Kleidermotte

Die Kleidermotte legt ihre Eier in die Nester von Säugetieren und Vögeln, weil sich die Larven von den Tierhaaren ernähren. Daher sind alle Kleider aus 100 Prozent Wolle das reinste Schlaraffenland für sie.

Als Lara ins Bett kroch, fiel ihr eine kleine Motte auf, die sich wild flatternd ihrer Nachttischlampe näherte.
„Motten machen doch Löcher in die Kleider! Sollen wir sie erschlagen?“, fragte Lara.
„Das ist gemein. Mach das Licht aus, dann wird sie schon nach draußen zur Straßenlaterne fliegen. Ich schalte jetzt die UV-Lampe an.“
Als die Kinder mit der Lampe über den Bettvorleger leuchteten, kamen sie aus dem Staunen nicht heraus. Kleine knallweiße Punkte und Härchen leuchteten auf einmal auf. Auch ein gelber Fleck war zu sehen, genau da, wo das Meerschweinchen neulich hingemacht hatte.
„Was wohl diese kleinen Punkte sind? Ist es einfach Staub? Oder ob es Pilzsporen sind?“, fragte Lara.
„Ich glaub, dazu brauchen wir Omas Mikroskop. Lass uns den Klebestreifen vom Bett morgen mit der UV-Lampe unter dem Mikroskop anschauen.“
„Gute Idee – warte mal!“, sagte Lara, sprang auf und schlich leise aus dem Zimmer. Wenig später kehrte sie mit der Brotdose des Unbekannten zurück. „Mal sehen, ob das auch leuchtet!“
Sie klappte die Dose auf und leuchtete mit der UV-Lampe darüber. Und tatsächlich konnte man deutlich verschiedene Bereiche unterscheiden. Das flauschige graue „Katzenhaar“ leuchtete überhaupt nicht, aber da war eine weiß leuchtende Fläche und an zwei anderen Stellen erstrahlte ein klares Violett.
„Wow – wer hätte das gedacht. Mach schnell wieder zu. Morgen früh schauen wir weiter. Gute Nacht!“, sagte Luca und verschwand auf Zehenspitzen.

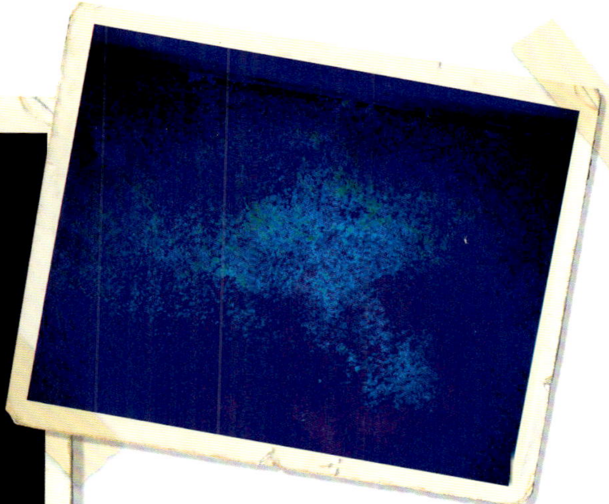

Das Ultraviolettlicht, kurz UV-Licht, macht für uns unsichtbare Stoffe wahrnehmbar. So sieht unsere saubere Hand unter UV-Licht aus.

WAS FRESSEN MILBEN?

Am nächsten Morgen machten sich die Kinder auf den Weg zu ihrer Großmutter. In einer Dose trugen sie etwas Staubwolle, die Lara aus dem Staubsaugerbeutel entnommen hatte, die Klebestreifen, eine frisch gefangene Motte aus dem Küchenschrank, einen toten Reiskäfer aus einer aufgerissenen Reispackung sowie einen gefleckten Minikäfer, der an einem der Klebestreifen hängen geblieben war.

Reiskäfer

Reiskäfer kommen in Reis- und Getreidepaketen aus den Tropen nach Europa. Sie haben als Besonderheit einen langen Rüssel. Ihre Eier legen sie in ein einzelnes Reiskorn und verschließen es wieder.

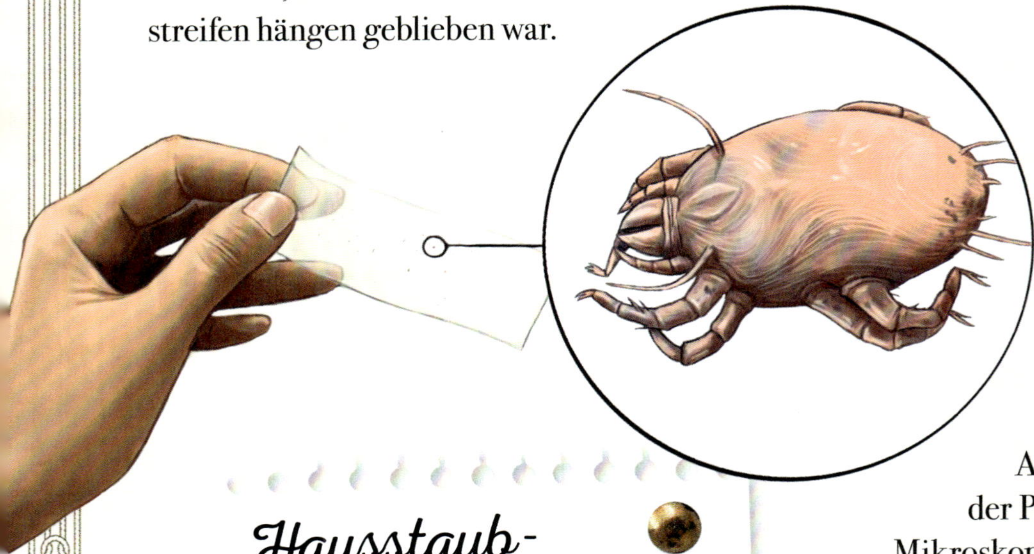

„So, was habt ihr denn schönes mitgebracht?“, fragte die Großmutter und besah sich mit den Kindern zunächst die verschiedenen Käfer und die Motte, die Lara überraschend hübsch fand. Als sie dann den Staubsaugerstaub auf der Petrischale unter das heiße Licht des Mikroskops legten, bildeten sich kleine Hügel – Milben, die versuchten der Hitze zu entkommen!

Hausstaubmilben

Auch wenn die Zecke eine Verwandte ist, so ernähren sich diese Milben nicht von Blut, sondern von Pilzen und Hautschuppen. Ihr Kot ist der Grund für die sogenannte Hausstauballergie.

„Das muss euch nicht beunruhigen!“, sagte die Großmutter. Es ist gut, dass sie da sind, sonst würden wir bald in Pilzen versinken.“

„Wie meinst du das?“

„Wir sondern tagtäglich jede Menge Hautschuppen ab, die von Pilzen zersetzt werden. Die Pilze werden von den Milben mit den Hautschuppen gefressen.“

„Ich mag die Idee nicht, dass die nachts über mich rüber krabbeln!“, ekelte sich Lara.

„Oh, die Milben mögen die Idee auch nicht. Du bist ihnen viel zu warm. Wenn du dich ins Bett legst, krabbeln sie tief in die Matratze.“

Dörrobstmotte

Dörrobstmotten sind Kleinschmetterlinge mit einem breiten hellen Strich. Man findet sie das ganze Jahr, aber sie leben nur etwa zwei Wochen. Die Raupen verputzen alles, was wir auch mögen: von Brot und Müsli über Gewürze bis zu Schokolade.

„Also, sind die Pilze die Nahrung der Milben", überlegte Luca. „Das meinte der Unbekannte mit dem Spruch: ... auch der Milbe geht ohne Pilz der Garaus! Das steckt also dahinter!"
„Super Luca", sagte Lara. „Da fällt mir ein! Können wir den Raum verdunkeln, Ömchen? Wir haben nämlich eine UV-Lampe von Giovanni und wollten nach Sporen und Pollen schauen."
Gesagt getan und – tatsächlich! Mit einiger Vergrößerung und im Licht der UV-Lampe, konnten die drei eindeutig verschiedene Pollenkörner ausmachen. Dann griff Lara in ihre Tasche und beförderte die unsägliche Brotdose hervor.
„Bitte, bitte Ömchen! Können wir auch den Schimmel anzuschauen."
„Na, also schön", sagte diese geduldig.

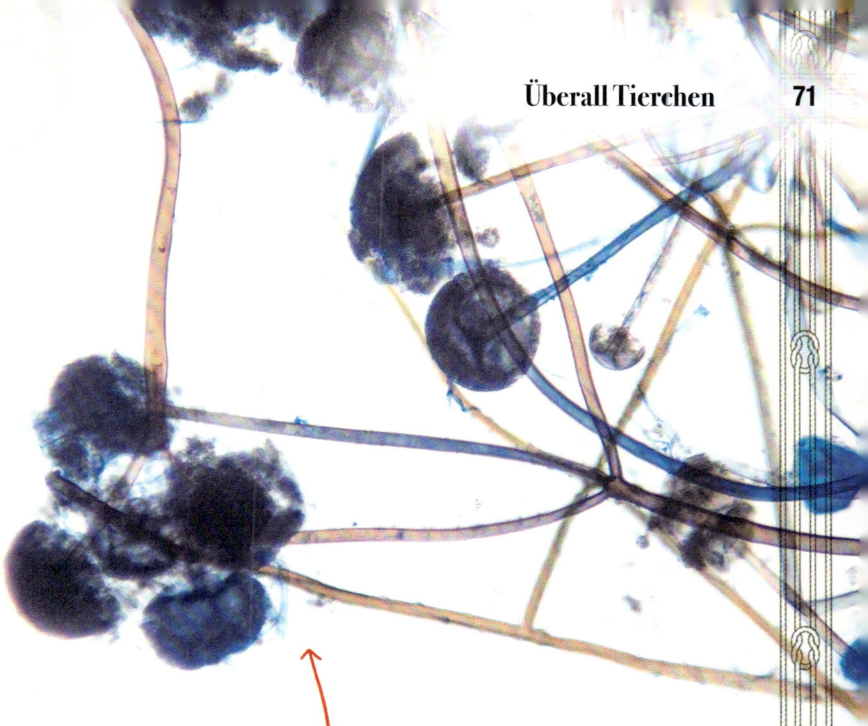

BROTSCHIMMEL UNTER DEM MIKROSKOP

Was sie sahen, als die Großmutter ein wenig von dem Schimmel auf einen Objektträger bugsiert hatte, war eine Überraschung: Zwischen den Pilzhärchen befanden sich kugelige Gebilde mit Zacken, die sie spontan an Viren erinnerten.
„Aber nein", sagte die Großmutter, „das sind keine Viren, die sind ja viel kleiner! Es werden auch Sporen oder Pollen sein. Fragt doch Giovanni, ob die Dingerchen von den Pilzen kommen."

POLLENKÖRNER

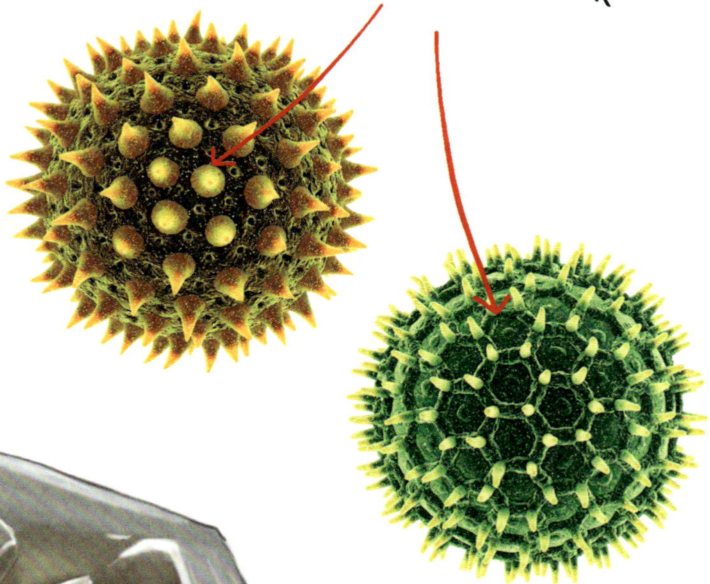

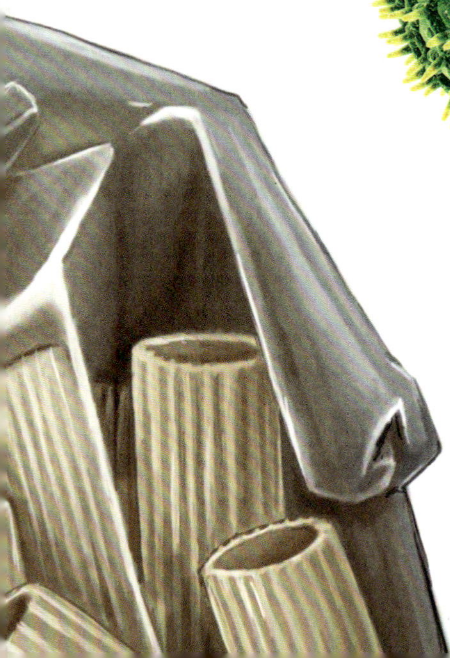

Forensik

Forensiker arbeiten für die Polizei und suchen am Tatort nach Hinweisen und Spuren. Dazu gehört alles, was den Täter überführen kann, zum Beispiel Fuß- und Fingerabdrücke, Textilfasern oder auch besondere Mikroben.

VERRÄTERISCHE POLLEN

Gesagt getan und schon machten sie sich auf den Weg zur Pizzeria. Giovanni ließ sich nicht lange bitten und nahm die Kinder mit in seine Wohnung, die über der Pizzeria lag. Dort legte er den Probenhalter unter sein Mikroskop, schob ihn ein paarmal hin und her und lachte dann auf.

„Also, die eine Pilzart zeigt zwar reife Sporenkapseln, aber diese Dingerchen hier sind viel zu groß, um Sporen des Schimmelpilzes zu sein. Außerdem sehen die auch ganz anders aus. Ihr habt da ziemlich große Pollen gefunden, und wenn mich nicht alles täuscht, sind die vom Hibiskus. Ich bin kein Pollenexperte, aber den erkenne ich und der leuchtet auch so hübsch unter dem UV-Licht."

„Wie sieht Hibiskus aus?", wollte Lara wissen.

„Es ist eine sehr schöne große Blüte mit langen Pollenfäden. Man hält sie hier gern als Zimmerpflanze."

„Das heißt, wenn wir die Pflanze finden, die diesen Pollen auf den Schimmel draufgestäubt hat, dann sind wir vielleicht nahe an dem Unbekannten, der das Schimmelbrot geschickt hat?"

„Ihr seid ja die geborenen Kriminalisten", lachte Giovanni. „Tja – mit etwas Glück ..."

„Ich finde, wir sollten das sofort Tante Sarah und Mama erzählen. Vielleicht können die ja noch genauere Analysen machen", schlug Lara vor.

„Genau, Fingerabdrücke, oder so!" Und so machten sich die Kinder auf den Weg ins Forschungsinstitut.

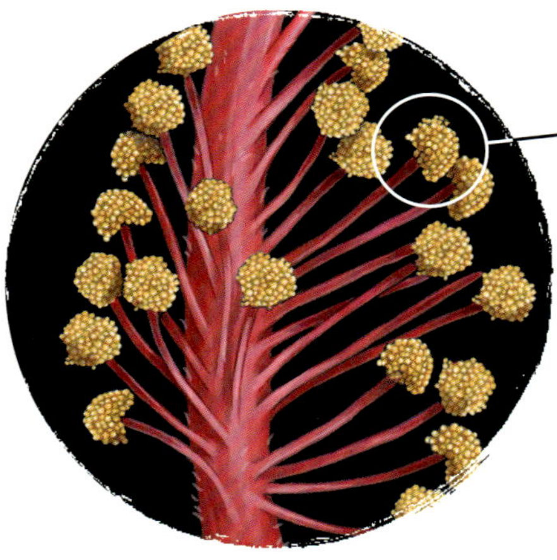

Die kugelförmigen Pollen sitzen auf einem Staubblatt der Blüte.

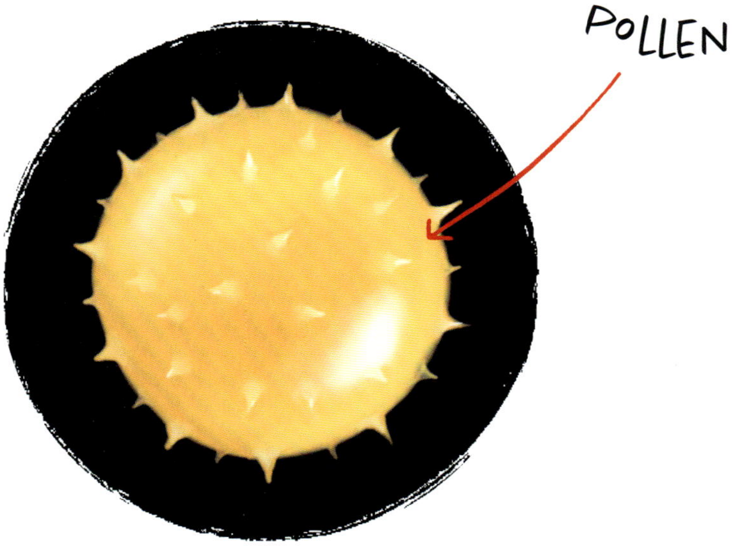

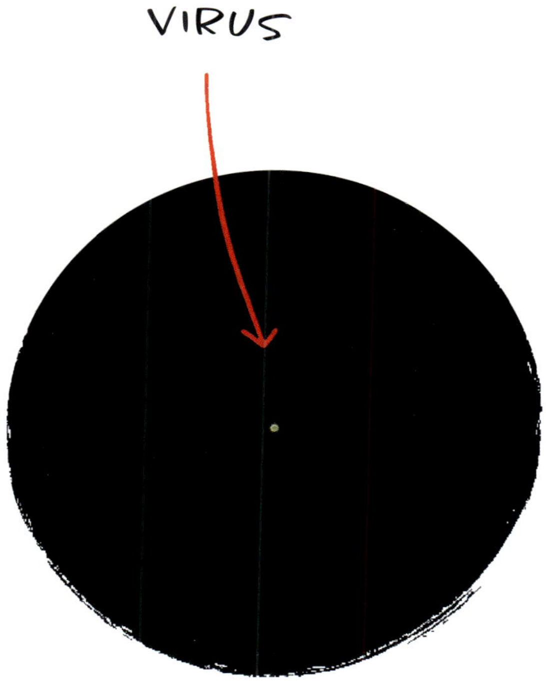

Pollen sind rund 1000-mal größer als Viren.

Die Kinder fanden ihre Mutter und Tante Sarah im Büro eines anderen Wissenschaftlers. Der Kollege saß an seinem Schreibtisch vor einem Mikroskop, während Tante Sarah und ihre Mutter sich mit ihm unterhielten. Die Kinder konnten es nicht abwarten, ihre Entdeckung loszuwerden und plapperten abwechselnd einfach los.
„Mama, Tante Sarah – wisst ihr – also wir haben von Giovanni ..."
„... Giovanni von der Pizzeria ..."
„... genau, eine UV-Lampe geliehen bekommen ..."
„... um Mikroben im Haus zu suchen ..."
„... und wir haben die Lampe auch in die Brotdose mit dem Schimmel gehalten ..."
„... also unter dem Mikroskop von Oma ..."

„... und da haben wir Pollen von einer ... aua!", Lara hielt ein, weil Luca plötzlich ihren Arm genommen hatte und schmerzhaft zudrückte.
„Also Pollen von einer Hibiskuspfla... aua, Luca ... was soll denn das?!"
Luca deutete stumm, mit einer unmerklichen Kinnbewegung, zur Fensterbank – auf der eine weitausladende Hibiskuspflanze stand. Alle folgten seinem Blick, dann sahen sie zu Lara und zum Schluss schauten alle den Mann an, der auf seinem Stuhl buchstäblich in sich zusammensank.
Mit hängendem Kopf sagte er nur einen Satz:
„Jetzt ist alles aus – jetzt kann ich einpacken."

Tante Sarah war die erste, die sich rührte. Sie ging langsam zum Telefon und rief die Polizei.

Hibiskus wächst in tropischen Gebieten. Bei uns wird er oft im Zimmer gehalten. Im Sommer kann er auch im Garten stehen.

DIE BEWEISKETTE

Als Lara und Luca nach dem Wochenende wieder in der Schule waren, wurden sie von ihren Freunden mit Fragen geradezu überhäuft. Zu aufregend war es, dass sie den Unbekannten überführt hatten, der für die seltsamen Vorgänge im Museum verantwortlich gewesen war. Sogar die Sonntagszeitung hatte mit einem kleinen Artikel über sie berichtet. Als die Lehrerinnen der beiden zum Unterricht erschienen und die Traube von Schülern bemerkten, die die Geschwister bestürmten, entschieden sie kurzerhand sich mit den beiden Klassen auf die Wiese zu setzen und Lara und Luca erzählen zu lassen. „Alles begann mit dem ersten seltsamen Hinweis, dem verschimmelten Brot und der ersten Nachricht. Wir haben uns gefragt, warum oder was ein Pilz retten kann und was das mit Schimmel zu tun hat.

Daraufhin hat Oma uns angeboten, Schimmel unter dem Mikroskop anzuschauen und uns erklärt, dass Schimmel und auch Hefe eigentlich Pilzarten sind. Wegen der Hefe haben wir dann Lust auf Pizza bekommen.

In der Pizzeria hat Giovanni uns mehr über Hefepilze erzählt und uns, wegen der zweiten Nachricht über Pilze in der Nahrung, zu Harrys Biohof geschickt.

Auf dem Biohof hat uns Harry erzählt, dass Käse mit Bakterien gemacht wird, aber auch dass verschiedene Pilzsorten und Schimmelpilze dafür genutzt werden.

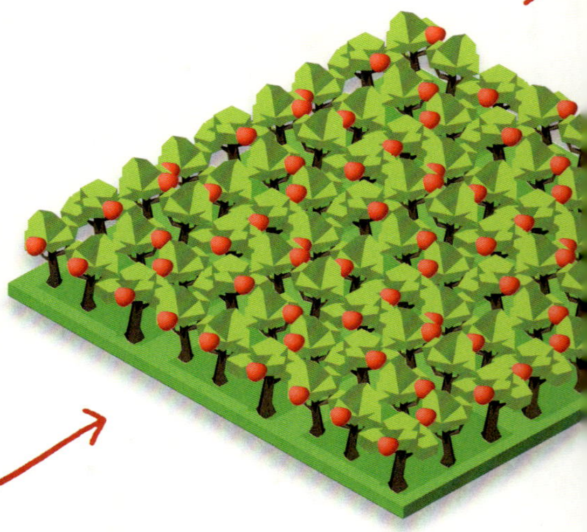

Im Apfelfeld haben wir dann erfahren, dass, neben Bodentieren und Bakterien, Pilze für unsere Nahrung und überhaupt für unsere ganze Welt sehr nützlich sind, weil sie Vergammeltes wiederverwerten.

Im Forschungslabor haben wir dann ganz viel über Krankheiten, Viren und Bakterien erfahren, aber auch dass Bakterien sehr nützlich sind, weil sie Medizin für uns machen und Umweltschäden beseitigen können.

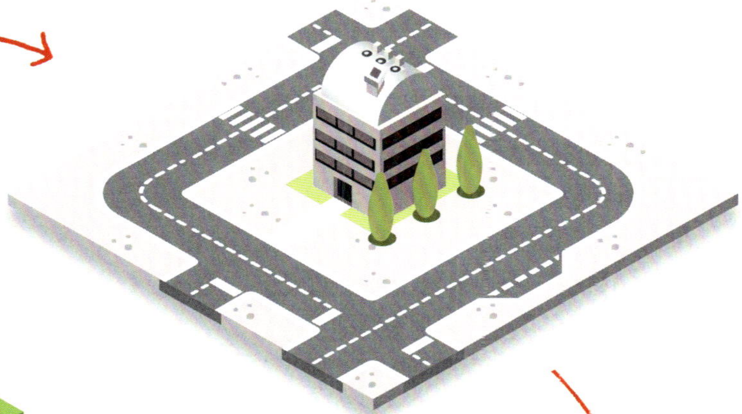

Nach dem Biohof haben wir am See über die kleinen Tierchen im Wasser, wie Amöben, Algen und Cyanobakterien gesprochen und beschlossen zu Mama und Tante Sarah zu fahren, um mehr darüber zu erfahren.

Dann erhielten wir die letzte anonyme Nachricht mit den *Mikroben im Haus*. Bei der Suche nach Milben und so haben wir Pollen auf dem Schimmelbrot gefunden. Giovanni konnte uns dann sagen, dass sie von einer Hibiskuspflanze stammen. Der Täter hatte also neben einem Hibiskus gesessen, als er die Schimmelbox präparierte!

„... na ja, und als wir dann mit der Schimmelbrotbox ins Forschungsinstitut kamen, die Pflanze neben dem Tisch des Kollegen unserer Mutter bemerkten und er unsere schockierten Gesichter sah, war er so verunsichert, dass er sofort gestand", erklärte Luca.

„Aber ich verstehe immer noch nicht, was das alles sollte", fragte eine Mitschülerin.

„Es ging um Forschungsgelder: er brauchte dringend Geld für seine Forschung und nachdem unserer Mutter für ihre Arbeit neue Gelder bewilligt worden waren, und ihm nicht, wollte er in ihr Team aufgenommen werden."

„Wieso, woran hat er denn geforscht?"

„An Schleimpilzen, Amöben und so. Er war der Meinung, dass diese bei der Bekämpfung von Umweltschäden – also Ölpest oder Plastikinseln im Meer – besser helfen könnten, als Bakterien, an denen meine Mutter forscht."

Ein dringendes Problem

Unser Plastikmüll droht Land und Meere zu überschwemmen. Meerestiere und Vögel sterben daran und am Ende nehmen auch wir es in uns auf, wenn wir Fisch essen. Nun haben Forscher Bakterien und auch Pilze gefunden, die einige dieser Stoffe „fressen“ und so zersetzen. Forscher auf der ganzen Welt arbeiten daran – jede Idee zählt!

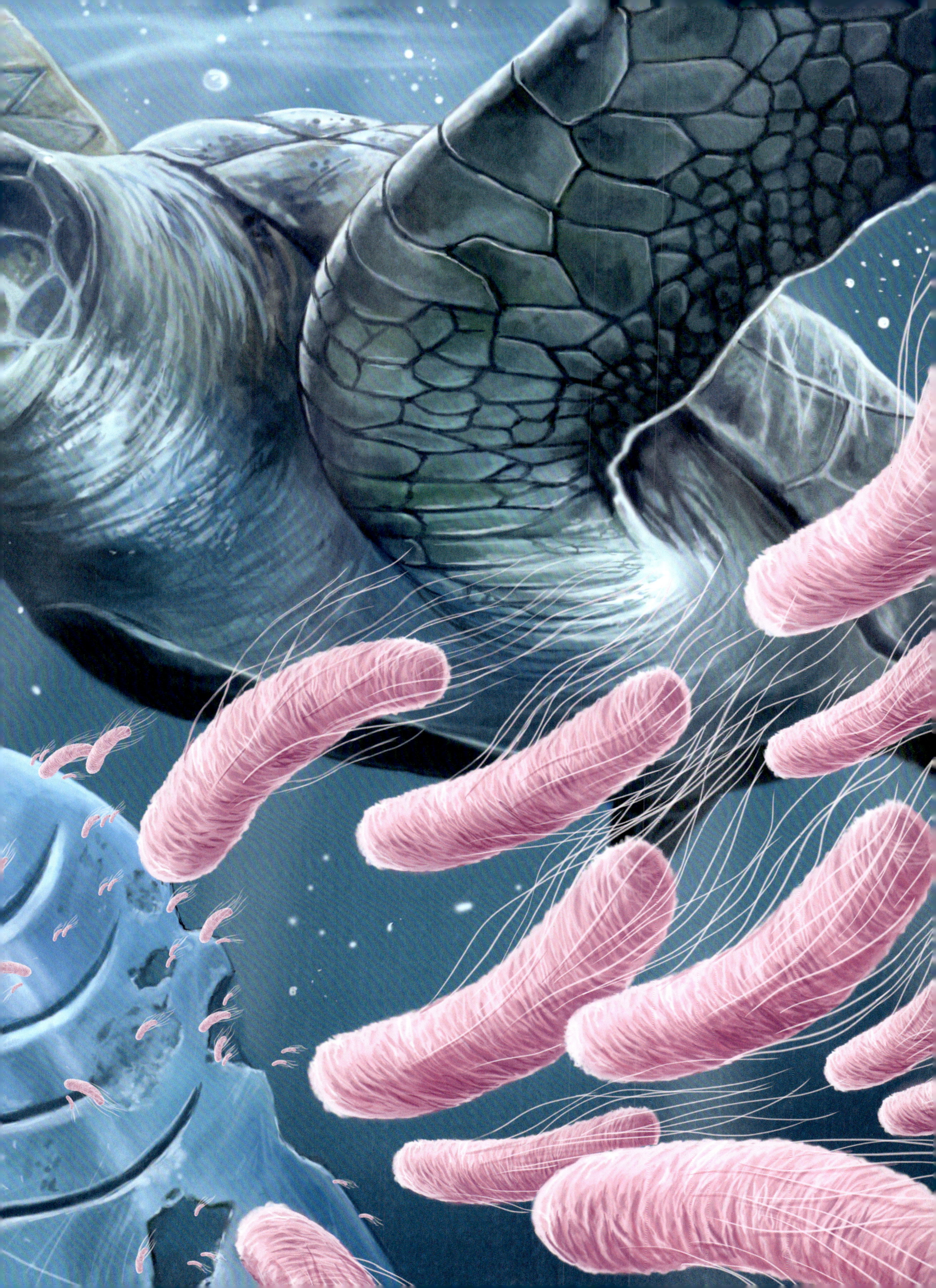

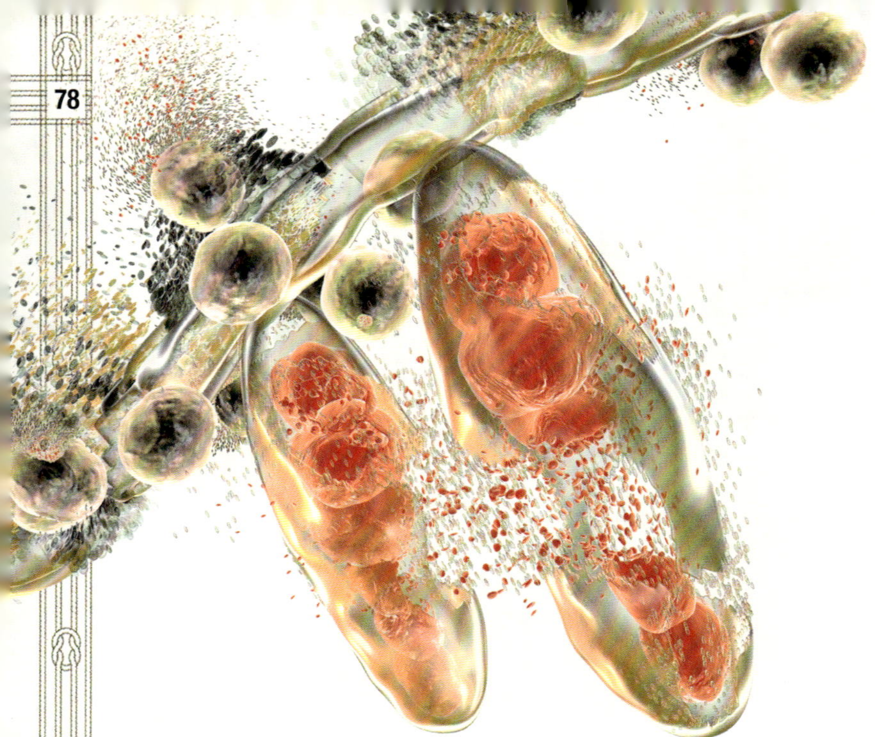

Fußpilz

Fadenpilze können auch auf der Haut oder den Nägeln wachsen. Wenn sie an den Füßen auftreten, nennt man das Fußpilz. Nicht selten werden die Sporen im Schwimmbad übertragen.

SELTSAME PILZE

Ja spannend!", sagte eine der Lehrerinnen. „Ihr habt in wenigen Tagen entdeckt, wie wichtig der unsichtbare Mikrokosmos für uns ist. Bakterien und Pilze können also schädlich, aber eben auch sehr nützlich sein. Was wissen denn die anderen? Woran denkt ihr, wenn ihr den Begriff Pilz hört – was fällt euch dazu ein?".

„Fußpilz!", rief einer in die Klasse und sorgte damit für großes Gelächter.

„Ihr lacht, aber das ist richtig, der bildet sich, wo immer es warm und feucht ist. Tut mir also den Gefallen und zieht wenigstens, wenn ihr ins Bett geht, eure Lieblingsschuhe aus! Was gibt's noch?"

Im weiteren Verlauf des Unterrichts hatte Luca natürlich so viel beizutragen wie noch nie, jedoch gab es durchaus noch etwas Neues für ihn.

„Und warum sagt man, dass die fliegenden Sporen krankheitserregend sein können?", fragte er die Lehrerin.

„Wenn es zu viele sind, können vor allem Allergiker in Form von Kopfschmerzen oder Atemwegserkrankungen darunter leiden. Zum Glück gibt es aber für uns Menschen nicht so etwas Fatales wie für Ameisen."

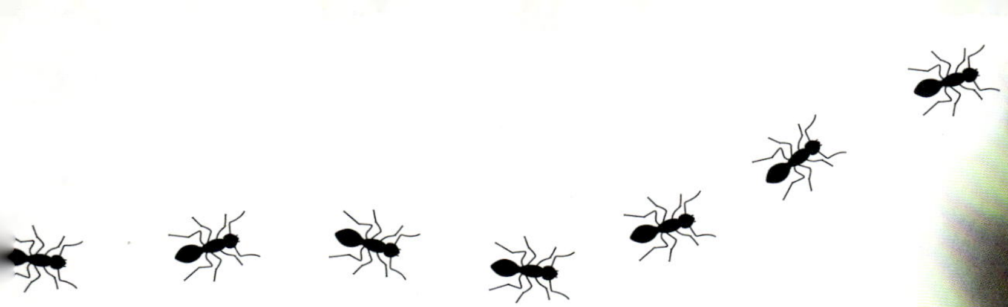

Habt ihr schon mal von Zombiameisen gehört? Ein spezieller Pilz macht Ameisen willenlos und verändert ihr Verhalten. Wenn Sporen dieses Pilzes auf eine Ameise treffen, dringen sie in das Tier ein. Das Myzel, das ist das Geflecht aus den fadenförmigen Hyphen, entwickelt sich in der Ameise. Chemische Stoffe des Pilzes veranlassen sie, auf ein hochgelegenes Blatt einer Pflanze zu klettern und sich dort festzubeißen. Die Ameise stirbt und der Pilz lässt lange Stiele mit Sporenkapseln aus dem Tier herauswachsen. Diese brechen dann auf und die Sporen verteilen sich über die Luft, um auf neue Opfer zu treffen. Das ist wie bei den Schirmchen der Pusteblume, die auch überall hin verweht werden."

Völlig schockiert über diese Geschichte waren die Kinder verstummt. Eine seltsame Stille lag über der Klasse. „Oh je", sagte die Lehrerin. „Ich wollte euch nicht so erschrecken. Dann erzähle ich euch schnell noch etwas Lustiges, passt auf! Es gibt eine Pilzart, die aussieht, wie gelber Schaum. Der Pilz wird in Mexico gegrillt oder gebraten und als Delikatesse gegessen. Und wisst ihr wie er genannt wird? – *Caca de Luna*, auf Deutsch – *Mondkacke*."

Da lachten alle wieder und Luca dachte staunend: „Wow, es gibt noch so viel zu entdecken!"

FORSCHERLAUFBAHN

Die verborgene Welt des Mikrokosmos wurde erst mit der Erfindung des Mikroskops ans Licht gebracht. Seitdem ist der Mensch immer tiefer in die Materie eingedrungen und keiner weiß, welche großen Geheimnisse die Natur noch für uns bereithält. Wirst du vielleicht einer der Forscherdetektive sein, der mit modernsten Mikroskopen diese Geheimnisse enträtselt? Möglicherweise wirst du durch deine Arbeit helfen, neue Krankheiten zu heilen oder dazu beitragen, auf nachhaltige Art Energien zu gewinnen oder andere große Probleme der Welt zu lösen?
Im folgenden Kapitel findest du vielfältige Anregungen, um deine Forscherlaufbahn zu starten – viel Spaß!

Hibiskus-
Pollen

WIE ES BEGANN

GESCHICHTE

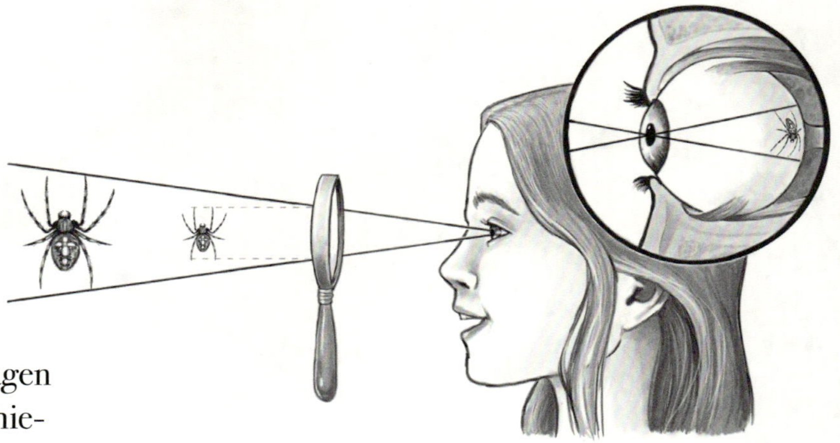

Wenn man durch eine Lupe schaut werden die Objekte einfach vergrößert.

Für Luca und Lara waren noch unzählige Fragen offengeblieben. Zum Beispiel, wie die verschiedenen Mikroskope eigentlich funktionieren und was genau man mit dem einen sehen kann und mit dem anderen nicht. Außerdem wollten sie selbst in der Lage sein, mit Objektträger und Petrischale umgehen zu können, und so baten sie ihre Großmutter, ihnen die Mikroskopie noch weiter zu erklären. Wie es sich für eine Großmutter gehört, begann sie zunächst von der Geschichte des Mikroskops zu erzählen.
„Was denkt ihr, wie lange gibt es schon Mikroskope oder Vergrößerungsgläser?"

Die Kinder zuckten ahnungslos die Schultern.
„Man spekuliert, dass es Vergrößerungsgläser schon vor etwa 3000 Jahren gegeben hat, ein Beispiel ist die Nimrudlinse. Sie ist eine kleine Quarzscheibe, die vermutlich schon vor 3000 Jahren den Assyrern als Brennglas oder Lupe diente."

„Wow, ich wünschte, ich könnte solche Sachen erforschen!", begeisterte sich Luca, der Archäologe werden wollte.

Nimrudlinse

Im Jahr 1850 hat der Archäologe Austen Henry Layard im Assyrischen Palast von Nimrud in Mesopotamien (heutiger Irak) ein zur Linse geschliffenes Stück Bergkristall gefunden. Forscher rätseln darüber, ob die Assyrer es bereits zur Vergrößerung, als Brennglas oder gar als Teil eines Teleskops eingesetzt haben.

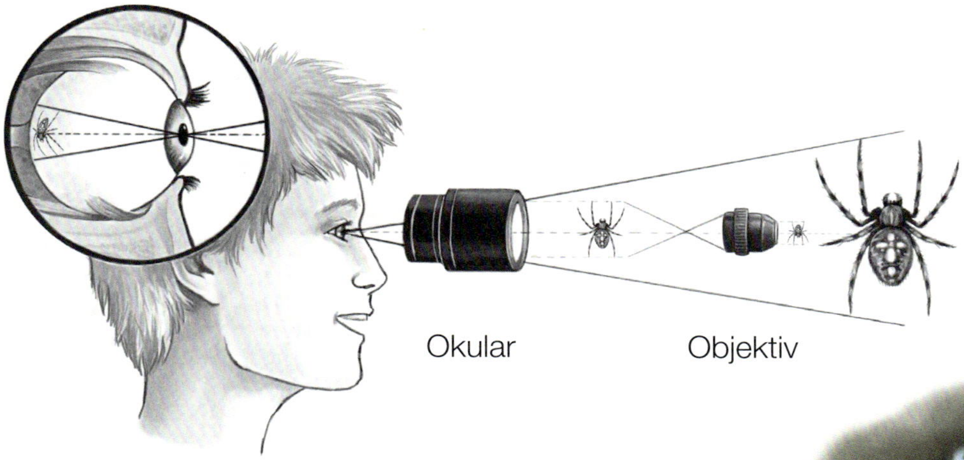

Schaut man durch ein Mikroskop wird das Objekt mehrfach vergrößert.

BRENNGLAS

„Aber wie funktioniert eigentlich ein Brennglas?“, wollte Luca wissen. „In der Luft bewegt sich Licht schneller als in Glas. Wenn Sonnenstrahlen auf die runde Linse einer Lupe fallen, werden sie hinter der Linse auf einen gemeinsamen Punkt gelenkt.“
„Und krachen zusammen“, scherzte Lara.
„Genau, und da wird es dann ziemlich heiß. So heiß, dass trockenes Gras zu brennen beginnt. Deswegen heißt dieser Punkt Brennpunkt“, erklärte die Großmutter.
„Dann könnten wir ja mit einer Lupe Feuer machen!“ Luca war begeistert.
„Ja, aber nur da, wo keine Gefahr besteht, etwas in Brand zu setzen. Das kann schneller passieren, als man denkt“, warnte die Großmutter.

LESESTEIN UND ERSTE BÜGELBRILLEN

„Und wie ging es dann weiter mit den Mikroskopen?", fragte Lara.
„Nur langsam. Zwar hatten Naturphilosophen im antiken Griechenland und in Rom durchaus festgestellt, dass Buchstaben größer erscheinen, wenn man sie durch eine mit Wasser gefüllte Kugel betrachtet, aber Lesesteine gab es erst ab dem 13. Jahrhundert, offensichtlich nachdem die Schrift des arabischen Naturphilosophen Ibn al-Haitham (965 bis um 1040), um 1240 ins Lateinische übersetzt und in Klosterbibliotheken vervielfältigt worden war. Die Lesesteine waren, vergleichbar mit der Nimrudlinse, sehr reine, durchsichtige Kristalle – meist aus Quarz oder dem Mineral Beryll gefertigt, daher der Name Brille."
„Beryll – Brille", sprach Lara ihr nach. „Witzig! Aber sicher schwierig genug reine Kristalle zu finden, wenn man bedenkt, wie viele Leute heute Brillen tragen."

„Deswegen war die Idee, sie aus Glas herzustellen, ein Meilenstein und stammte höchstwahrscheinlich aus Italien, wo die Kunst der Glasmacherei damals schon lange Tradition hatte."
„Ich glaube, ich werde die Brille, die ich bald tragen muss, mehr schätzen, jetzt, wo ich weiß, welch langer Weg hinter ihrer Erfindung steckt", bemerkte Lara.

„Und die Mikroskope wurden auch dort erfunden?", fragte Luca.
„Die Idee mehrere Linsen hintereinander zu setzen, kam wohl von dem niederländischen Brillenmacher Hans Lippershey aus Middelburg. Allerdings war es ein Teleskop, das er konstruiert hatte."

Lesesteine waren sehr reine, durchsichtige Kristalle – meist aus Quarz oder dem Mineral Beryll gefertigt.

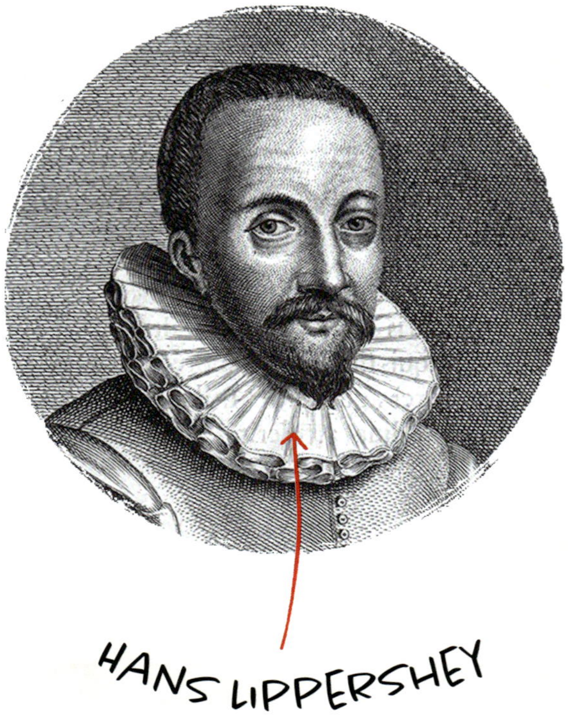

GALILEO UND HOOKE

Galileo Galilei
mit seinem Mikroskop

Dann war es der große italienische Naturforscher Galileo Galilei, der mit seiner verbesserten Konstruktion des Teleskops erstmal vieles über den Mond und die Sterne herausfand. Er baute (wohl wieder nach Vorlage einer niederländischen Linsenschleiferfamilie namens Janssen) das Teleskop so um, dass er damit auch mikroskopieren konnte. Damit wurden das erste Mal die Facettenaugen der Bienen und anderer Insekten beobachtet."

„Aber erst die genauen Zeichnungen des englischen Gelehrten Robert Hooke (1635–1703) sollten die Welt auf den Mikrokosmos aufmerksam machen. Für sein selbstgebautes Mikroskop schliff er Linsen, mit denen er bis zu 170-fach vergrößern konnte. Beachtlich, wie er das Problem mit dem Licht gelöst hat, denn bisher gab es nur Auflicht, also Licht, das von oben auf die Proben leuchtete. Heute ist es einfacher, weil wir die Proben von unten durchleuchten können."

„Damit konnte er sicher schon wesentlich mehr sehen als nur die Facettenaugen einer Biene", überlegte Luca.

„Oh ja", erwiderte die Großmutter. „Und Hooke mikroskopierte wirklich alles! Besonders interessierten ihn Gebrauchsgegenstände, wie Nadelspitzen oder Schreibfedern. Er untersuchte zum Beispiel Kork und stellte fest, dass er aus vielen kleinen Kämmerchen besteht, denen er den Namen ‚Zellen' gab, weil sie ihn an die Zellen eines Klosters erinnerten."

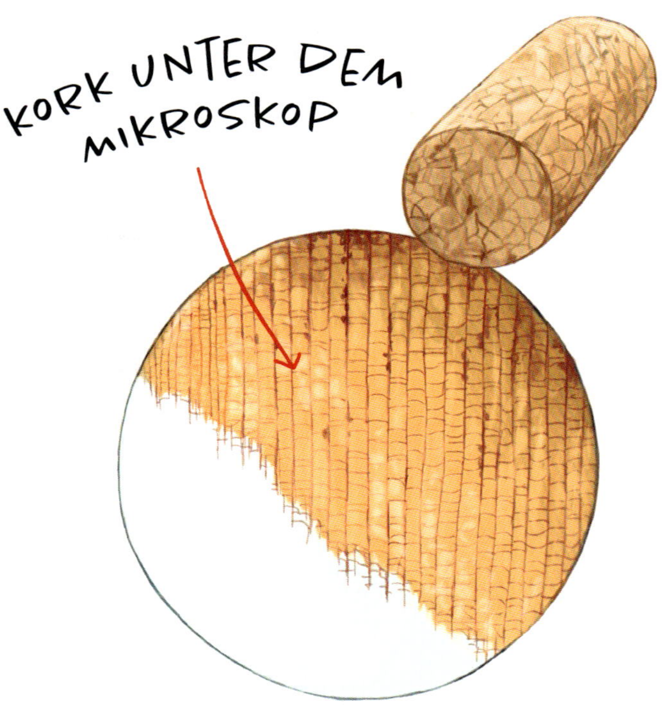

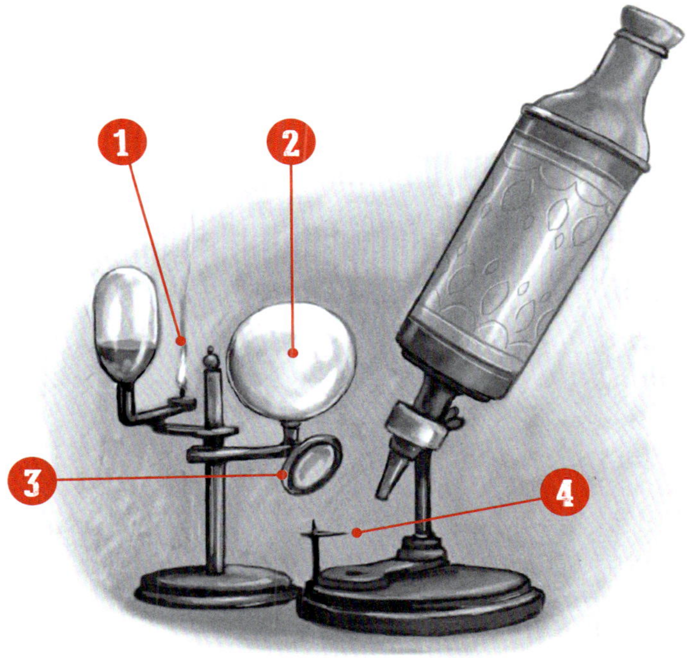

1 *Flamme*
2 *Glaskugel*
3 *Sammellinse*
4 *Objekt*

Beim Hooke'schen Mikroskop wird die Flamme einer Öllampe durch eine mit Flüssigkeit gefüllte Glaskugel vergrößert. Das Licht wird dann von einer Linse gesammelt und auf das Objekt gerichtet.

LEEUWENHOEK UND DIE WELT DER BAKTERIEN

Antoni van Leeuwenhoek mit seinem Mikroskop.

Mit diesem Mikroskop wurden die ersten großen Entdeckungen gemacht, zum Beispiel die des italienischen Arztes Marcello Malpighi, dass Blätter auf der Unterseite Öffnungen zur Atmung haben."
„Huch, das wusste ich gar nicht!", staunte Luca.
„Der, der aber wirklich die verborgene Welt des Mikrokosmos bekanntmachen sollte, war der Niederländer Antoni van Leeuwenhoek. Stellt euch vor, dass durch seine Entdeckungen die Leute die Mikrowelt irgendwann so spannend fanden, dass man den feinen Damen an Gesellschaftsabenden ihre Flöhe unter dem Mikroskop vorstellte."

Die Kinder prusteten los: „Wie peinlich!"
„Das von ihm entwickelte Mikroskop hielt man in der Hand. Das hatte den Vorteil, dass man es gegen das Licht halten konnte, sodass das Licht durch das Objekt fiel. Das konnten zum Beispiel ein Wassertropfen oder auch ein Insektenflügel sein. Mit diesem sogenannten Durchlichtmodell konnte man viel mehr sehen – die verborgene Welt der kleinen Wassertierchen, rote Blutkörperchen und sogar die Bakterien im Speichel und Zahnbelag hat van Leeuwenhoek als erster gesehen.
Schaut hier einige seiner Zeichnungen ..."

MARCELLO MALPIGHI

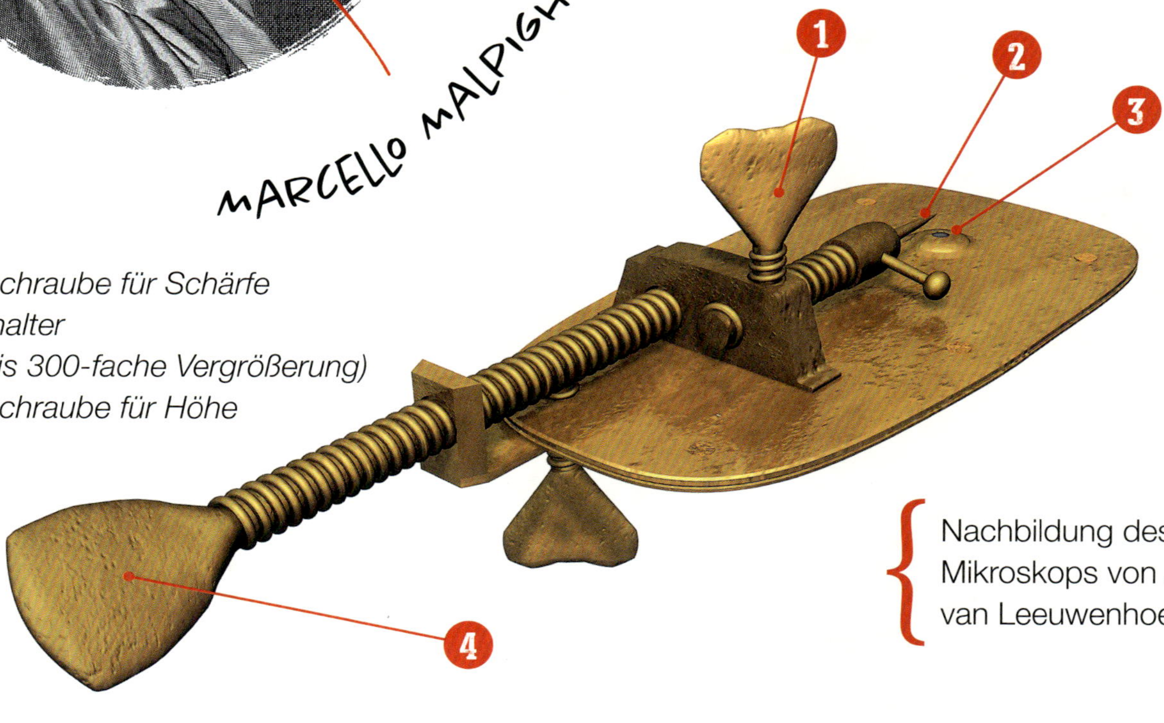

1 *Einstellschraube für Schärfe*
2 *Probenhalter*
3 *Linse (bis 300-fache Vergrößerung)*
4 *Einstellschraube für Höhe*

Nachbildung des ersten Mikroskops von Antoni van Leeuwenhoek

MIKROSKOPIEBUCH

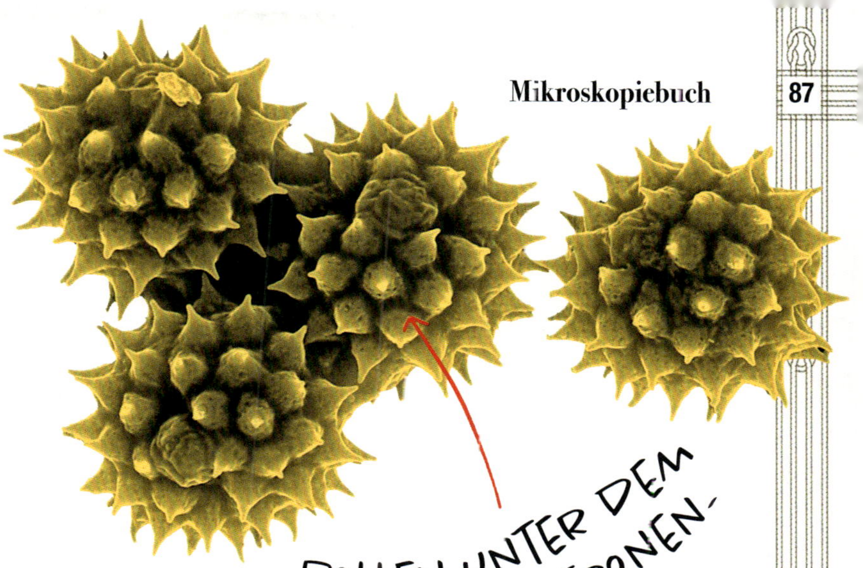

Nun wollten die Kinder auch ein Mikroskopiebuch wie Robert Hooke und Antoni van Leeuwenhoek anlegen und alles mikroskopieren, was die großen Entdecker des Mikrokosmos auch gesehen hatten.

„Ich würde auch gerne den Unterschied zwischen Lupe und Mikroskopvergrößerung im Buch zeigen", sagte Lara. „Schade, dass man durch die Lupe nicht fotografieren kann – das Mikroskop kann man ja mit dem Computer verbinden."

„Eine alte Regel der Mikroskopie besagt: *Nur was die Hand gezeichnet, hat das Auge gesehen*", zitierte die Großmutter. „Zeichnet den Hibiskuspollen, von dem habt ihr am Ende im Labor ja auch Aufnahmen mit dem Rasterelektronenmikroskop gemacht."

Während sie zeichneten, fragte Lara: „Warum heißt das Rasterelektronenmikroskop eigentlich so? Kann man damit Elektronen sehen?"

„Tatsächlich können wir heute Atome sehen – und zwar mit einem Rastertunnelmikroskop – aber Elektronen noch nicht. Das Rasterelektronenmikroskop heißt so, weil es Elektronen nutzt, um ein Bild zu erzeugen. Das normale Licht besteht aus Photonen, ähnlich kleinen Teilchen wie die Elektronen. Im Rastermikroskop wird das Objekt Zeile für Zeile mit Elektronen beschossen, die einerseits abprallen, aber auch aus der Oberfläche Elektronen herausschlagen. Ein Detektor, das ist ein Gerät, das kleinste Teilchen erkennen kann, lässt dann aus den gesammelten Elektronen ein dreidimensional wirkendes Rasterbild entstehen – also zum Anfassen echt", erklärte die Großmutter.

Arcana naturae detecta

Antoni van Leeuwenhoek teilte alle seine Beobachtungen in über 300 Briefen mit. 38 von diesen Briefen hat er 1695 in seinem berühmten Buch *Arcana naturae detecta* (*Enthüllte Geheimnisse der Natur*) veröffentlicht. Die unten abgebildeten Zeichnungen beispielweise zeigen einen Floh.

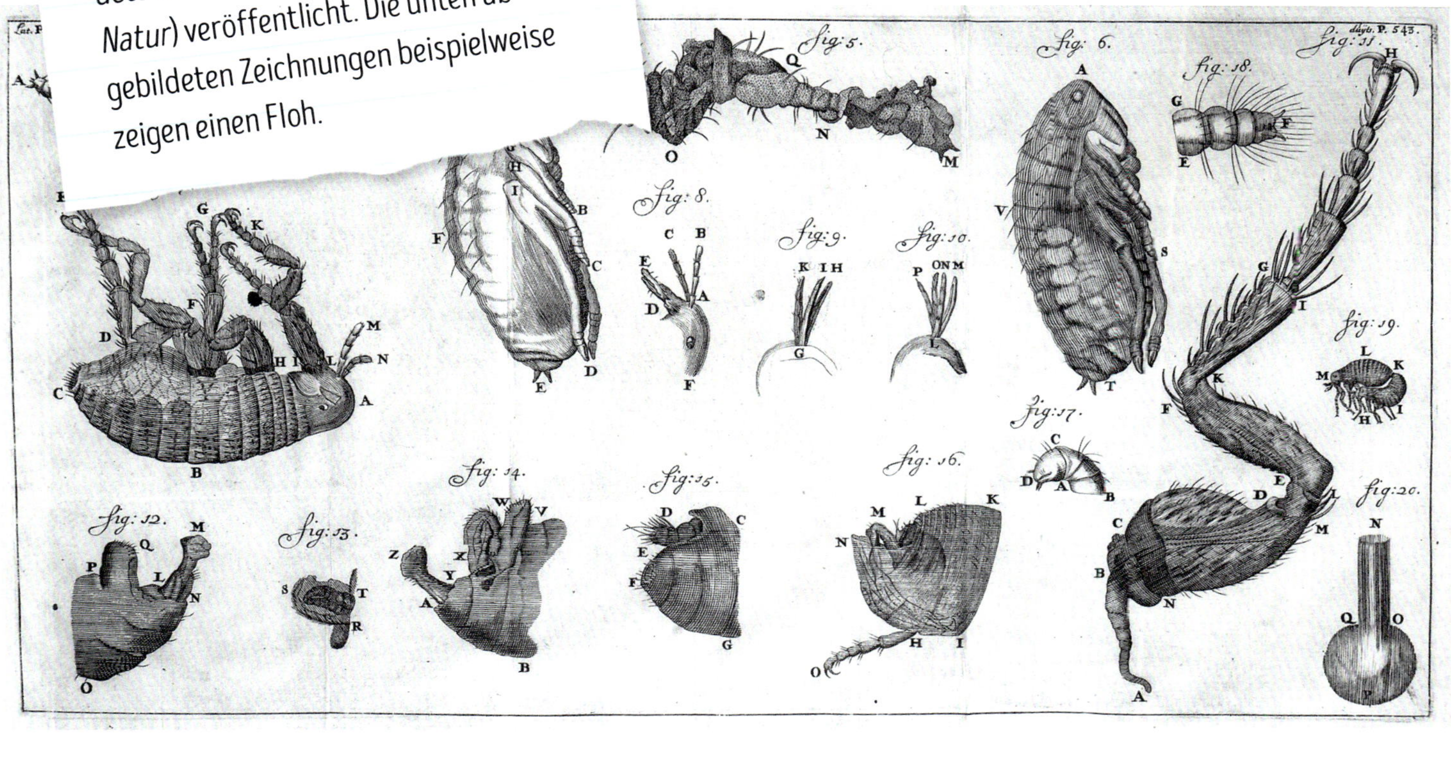

WAS MAN ALLES BRAUCHT...

Als Lara und Luca schließlich mit ihren ersten Zeichnungen fertig waren, nahm die Großmutter einige Utensilien aus dem Holzkästchen und legte sie nebeneinander auf den Tisch.

„Fangen wir als Erstes mit den Werkzeugen an, die ihr zum Präparieren eurer Schätze braucht: Eine Pipette oder mehrere, eine für Tümpelwasser oder eine andere Flüssigkeit, die ihr untersuchen wollt, und eine für sauberes Wasser, weil man meist mit einem Tropfen Wasser mikroskopiert. Eine Pinzette, weil die meisten Dinge zu klein für unsere Finger sind. Man nutzt auch diese Präpariernadeln dazu.

Um Dünnschnitte herzustellen, braucht man eine Rasierklinge, die man am besten auf einer Seite mit ein paar Streifen Isolierband oder ähnlichem überklebt, um sich nicht zu verletzen. Lasst euch dabei unbedingt von einem Erwachsenen helfen. Objektträger, die ihr immer wieder nutzen könnt, und natürlich die Deckgläschen. Dann brauchen wir häufig etwas Färbemittel, weil man viele Einzelheiten am besten durch Einfärben erkennt, sowie etwas Glyceringelatine, um Dauerpräparate, die ihr immer wieder anschauen könnt, herzustellen. Legt euch auch etwas Lösch- oder Küchenpapier bereit, falls Flüssigkeit danebengeht. Arbeitet auf einer glatten, leicht abwischbaren Oberfläche.

1 *Küchenpapier oder Löschpapier*
2 *Färbemittel*
3 *Eindeckmittel*
4 *Mikroskop*
5 *Objektträger*
6 *Deckgläschen*
7 *Rasierklinge*
8 *Pipetten*
9 *Präpariernadel*
10 *Pinzette*

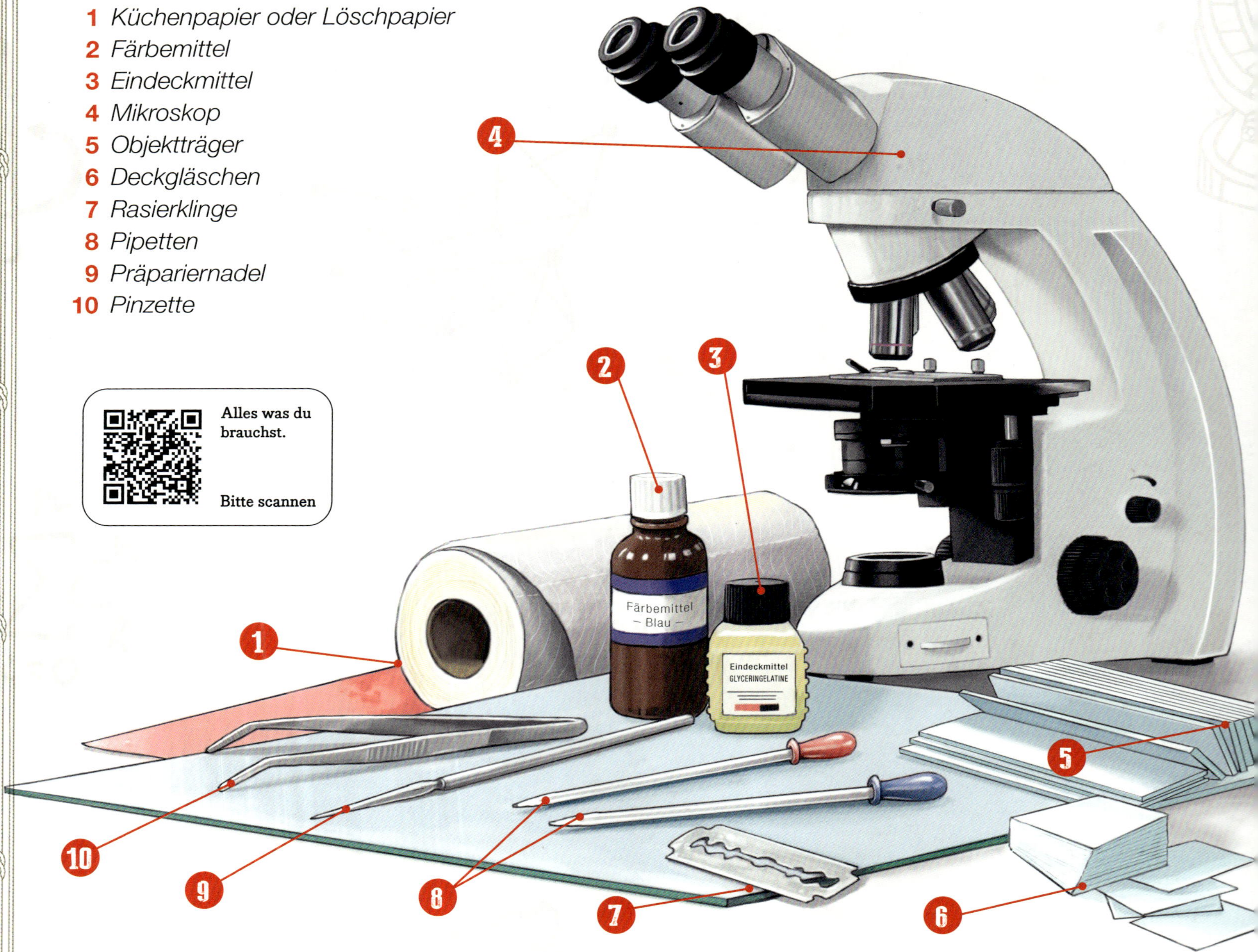

Alles was du brauchst.

Bitte scannen

PRÄPARIEREN

Beginnen wir mit den Pollen. Wollt ihr nur einmal schnell etwas checken, dann schüttet ihr ein paar wenige Krümel davon auf den Objektträger (1), nehmt mit der Pipette einen Tropfen Wasser und tropft es vorsichtig auf den Pollen (2). Dann kommt das Deckgläschen darauf (3). Falls Luftblasen eingeschlossen sind, gebt ihr noch einen Tropfen Wasser an den Rand des Deckgläschen. Überschüssiges Wasser saugt ihr dann mit dem Lösch- oder Küchenpapier an der Seite ab. Die Luftblasen sollten dann verschwunden sein.

Präparieren Schritt für Schritt.

Bitte scannen

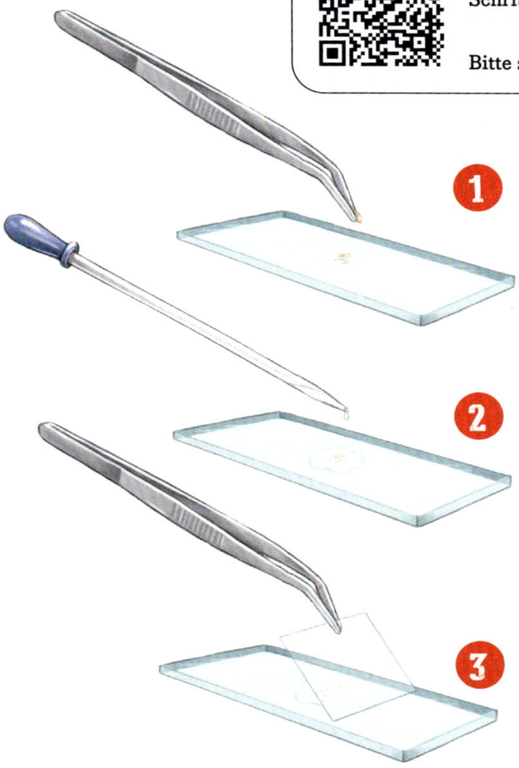

Soll das Präperat allerdings dauerhaft erhalten bleiben, müsst ihr etwas Glyceringelatine auf den Objektträger geben. Fragt einen Erwachsenen, ob er euch mit einem Feuerzeug hilft, es zu erwärmen (4). Kerzen sind nicht geeignet, weil die Flamme rußt. Ist die Gelatine weich geworden, könnt ihr den Pollen darauf streuen und dann das Deckgläschen darauflegen (5). Sollten auch hier Luftblasen in der Gelatine sein, könnt ihr sie mit der Präpariernadel anstechen. Vergesst nicht Datum und Namen des Objekts mit einem kleinen Etikett auf dem Objektträger anzubringen. Macht auch einen kleinen Vermerk in euer Büchlein, wo ihr die Probe gefunden habt, und schreibt Details dazu, die ihr sonst noch festhalten möchtet.

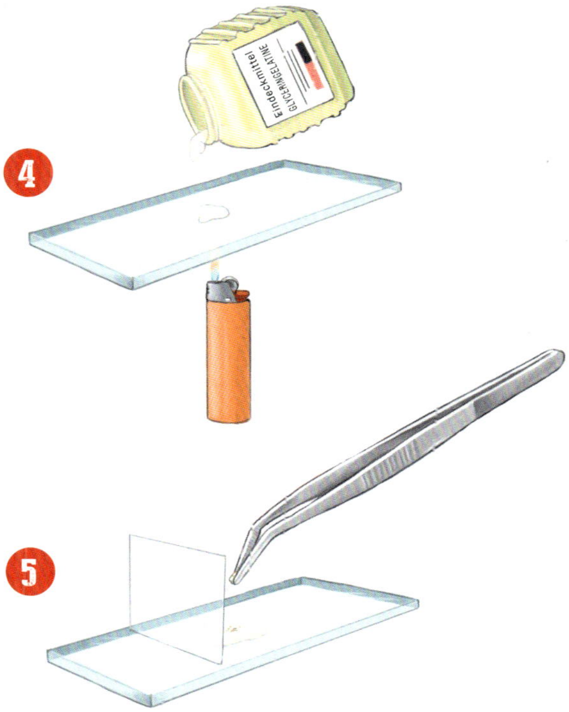

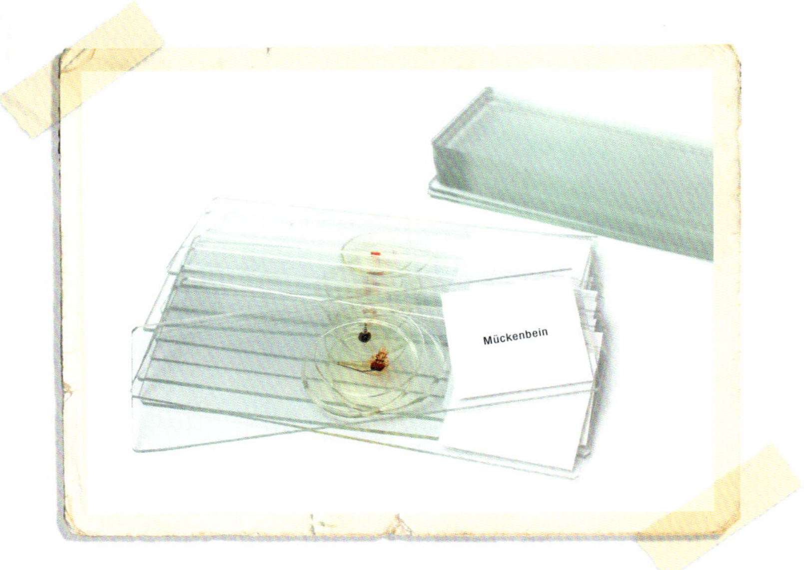

WAS NICHT ZERDRÜCKT WERDEN DARF!

Wollt ihr ein Insekt mikroskopieren, braucht ihr eigentlich nicht viel zu machen, denn das kann man wunderbar in der Petrischale aufbewahren und anschauen. Findet ihr aber ein totes Insekt und wollt Teile des Körpers dauerhaft präparieren, müsst ihr beim Köpfchen besonders aufpassen, dass ihr es nicht zerdrückt.

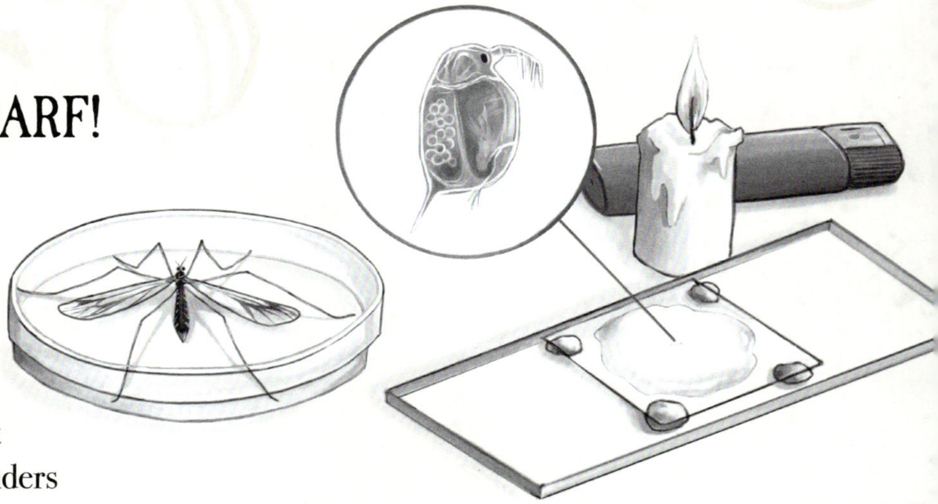

Das Gleiche gilt zum Beispiel für Hüpferlinge und Pantoffeltierchen, die ihr lebend mikroskopiert. Um sie nicht zu verletzten, müsst ihr etwas Knetmasse oder zwei Fäden an die Seiten der Deckgläschen legen, damit genügend Platz für das Tier bleibt. Für Profis gibt es natürlich auch Objektträger, die eine Mulde eingeschliffen haben. Habt ihr eure Untersuchung abgeschlossen, setzt ihr die Lebewesen zurück in ihren Lebensraum."

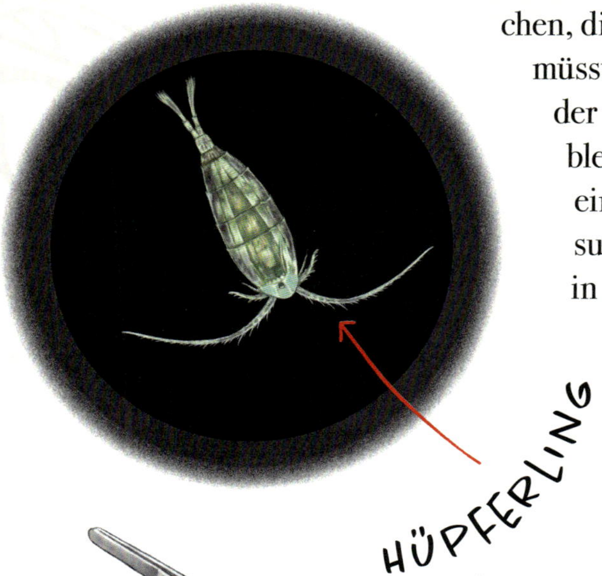

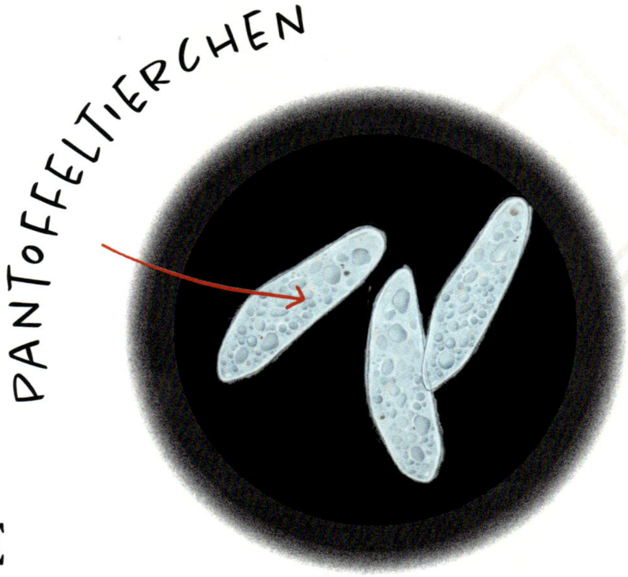

HEFE

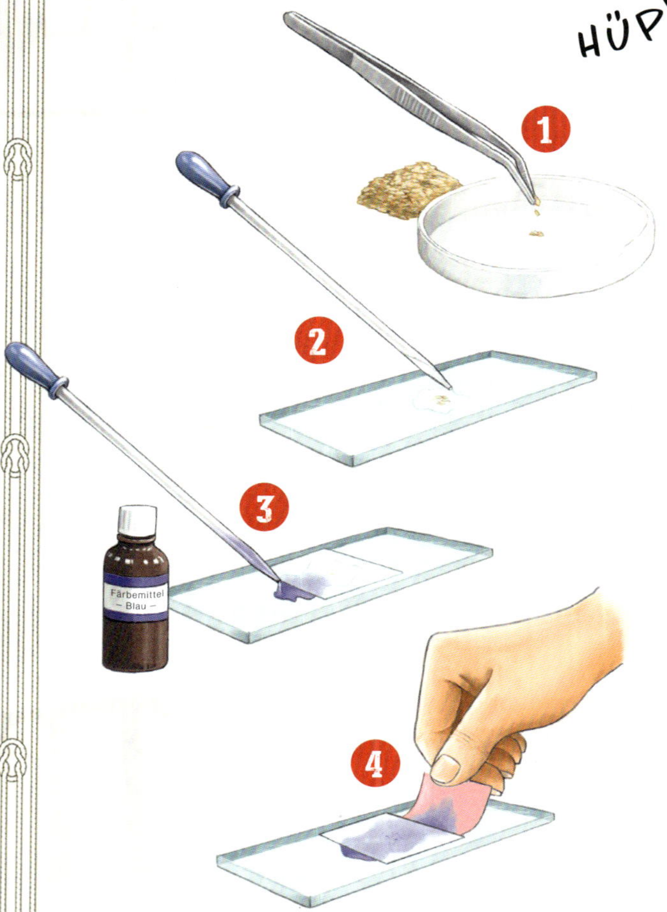

Um Hefe zu mikroskopieren, müsst ihr ein kleines Stück Bierhefe in lauwarmem Wasser lösen (1) und mit der Pipette auf den Objektträger geben (2). Um die Zellen besser sichtbar zu machen, gebt ihr einen Tropfen Färbemittel, zum Beispiel Methylenblau, daneben und vermischt die beiden Flüssigkeiten (3). Legt nun das Deckgläschen darauf. Wollt ihr nicht alles färben, saugt einen Tropfen Methylenblau mit Löschpapier unter das Deckglas, indem ihr es an der gegenüberliegenden Seite anlegt (4).

KORK UND ANDERE PFLANZENZELLEN ENTDECKEN

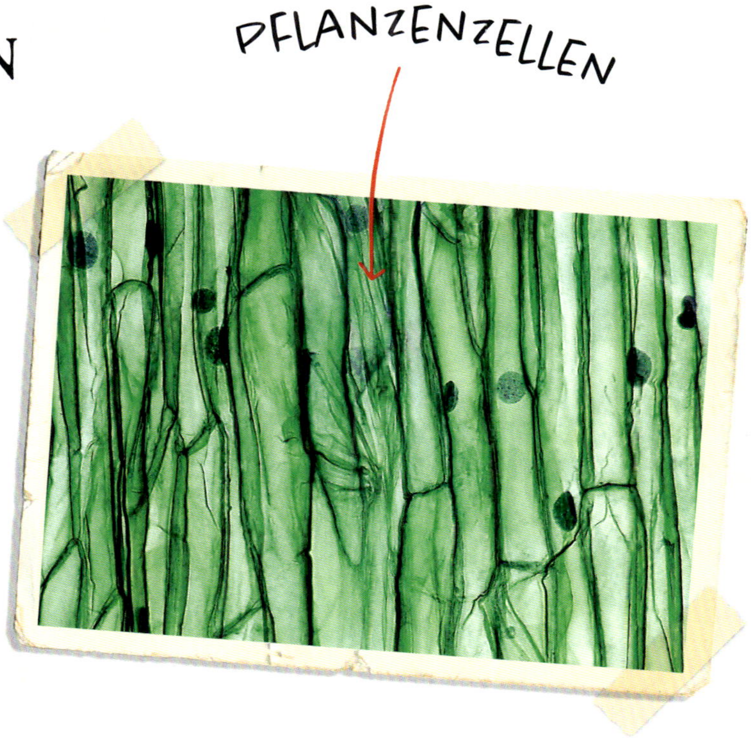

Wie van Leeuwenhoek aber feststellte, wird vieles erst im Durchlicht schichtbar. Dafür müsst ihr Dünnschnitte herstellen und das geht so: Ihr nehmt zum Beispiel ein Stück Kork oder vielleicht auch ein Pflanzenblatt. Dann braucht ihr eine Karotte als Halterung, ein sehr scharfes Messer und eine Rasierklinge. Achtung! Lasst euch von einem Erwachsenen helfen, damit ihr euch nicht verletzt.

Schneidet die Karotte an der Spitze ein (1) und klemmt das Blatt, welches ihr untersuchen wollt, in den Schlitz (2). Für ein dünnes Blatt reicht nur ein Einschnitt in die Karotte, aber wenn ihr etwas Dickeres habt, dann schneidet ein entsprechend breiteres Stück heraus. Nun schneidet ihr vom Ende der Karotte ca. 5 Millimeter ab (3), um eine saubere Fläche zu haben. Gebt etwas Wasser darauf und versucht, hauchdünne Scheibchen abzuschneiden (4): Sägend schneiden und nicht drücken!
Es ist etwas knifflig. Für einen ausreichend feinen Dünnschnitt braucht man etwas Übung. Also – nicht aufgeben! Am Ende habt ihr einen Querschnitt durch ein Blatt oder Kork (5).
Für einen Flächenschnitt legt ihr das Blatt über einen Korken. Dann setzt ihr die Rasierklinge flach an und versucht, möglichst vorsichtig entlang des Blattes zu schneiden.

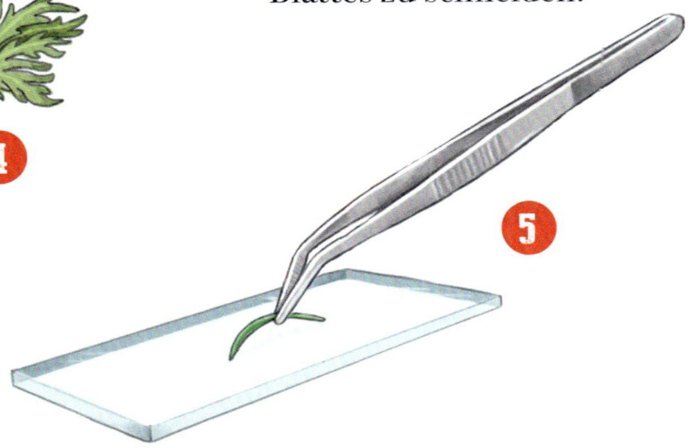

Wie erstellst du ein Dünnschnittpräparat.
Bitte scannen

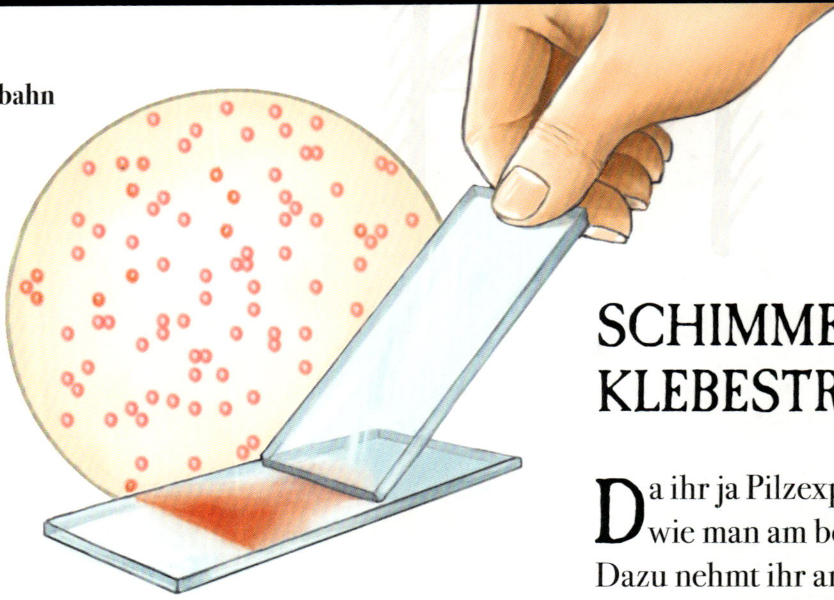

BLUT

„Oh nein, ich blute!“, jammerte Lara. „Ich habe mir einen Mückenstich aufgekratzt!“
Die Großmutter zog eine Schublade auf und holte ein Pflaster heraus.
„Bevor wir aber die Blutung stoppen, nutzen wir die Gelegenheit und schauen uns mal Laras Blut an. Gib mal einen kleinen Tropfen Blut hier auf diesen Objektträger. Setze jetzt die Kante eines zweiten Objektträgers hinein und ziehe den Tropfen langsam über die Fläche des ersten, sodass ein dünner Film entsteht. Lege nun ein Deckgläschen darauf und ab unters Mikroskop.“
„Da sind ganz viele kleine Dinger!“
„Genau! Das sind die roten Blutkörperchen, die den Sauerstoff zu den verschiedenen Zellen in unserem Körper transportieren.“

SCHIMMELPILZE MIT KLEBESTREIFEN FANGEN

„Da ihr ja Pilzexperten seid, gucken wir nochmal, wie man am besten Schimmelpilz mikroskopiert. Dazu nehmt ihr am besten einen Klebestreifen und legt ihn vorsichtig auf die Oberfläche des Schimmels. Diesen Streifen klebt ihr direkt auf den Objektträger und schon könnt ihr ihn mikroskopieren.“

BELEBTES WASSER

Wenn ihr keinen See in der Nähe habt, dann gibt es eine Alternative. Setzt einen Heuaufguss an. Dazu pflückt ihr etwas altes Gras und gebt es in ein sauberes Einmachglas. Nun füllt ihr das Glas bis etwa fünf Zentimeter unter den Rand mit Wasser, zum Beispiel Leitungs- oder Regenwasser. Zum Transport könnt ihr das Gefäß dicht verschließen. Habt ihr einen hellen, aber nicht zu sonnigen Ort gefunden, öffnet ihr das Gefäß und deckt es mit einer Pappscheibe ab, das hilft gegen den Geruch. Bereits nach einigen Tagen findet ihr Bakterien in der Haut, die sich an der Wasseroberfläche bildet. Nach und nach entwickeln sich Amöben, Rädertierchen und Algen.
Zum Mikroskopieren gebt ihr einen Teelöffel Flüssigkeit mit etwas Heu in eine Petrischale und legt sie vorsichtig unters Mikroskop."

Hast du Freude am Mikroskopieren? Dann lege doch auch so ein Heft wie Lara und Luca an! Wer weiß, vielleicht wirst auch du eines Tages ein großer Forscher!

JETZT BIST DU DRAN!

MIKROSKOPIENOTIZEN

Hier sind einige Ideen für Projekte, die du zu Hause alleine durchführen kannst. Vergiss nicht: *„Nur was die Hand gezeichnet, hat das Auge gesehen“*. Daher findest du auf Seite 95 ein Beispiel eines Forschungsprotokolls.

Projekt 1: Fäden
Sammel in deinem Zimmer alle möglichen Fäden. Dazu gehören zum Beispiel Haare von dir und deinem Haustier, Wolle, Baumwolle, Hanf (Paketband), Nylon, Watte und was du noch so findest. Kannst du die unterschiedlichen Strukturen erkennen? Unter dem Mikroskop findest du die Erklärung für die Unterschiede, die du auch mit bloßem Auge sehen und mit deinem Tastsinn fühlen kannst.

Projekt 2: Detektivspiel
Bestimmt kennst du eine Ecke in deinem Zimmer, in der sich immer wieder Wollmäuse bilden. Nimm eine davon und untersuche sie unter dem Mikroskop. Kannst du die Zusammensetzung der unterschiedlichen Fäden identifizieren? Jetzt weißt du, wer in deiner Abwesenheit in deinem Zimmer war!

Projekt 3: Jetzt kommt dein Projekt
Du allein entscheiden, was du untersuchen möchtest. Küchenschwämme sind zum Beispiel sehr spannende Objekte. Da sammeln sich jede Menge Spuren. Aber auch Gemüse oder Papierstücke, oder deine Fingernägel und Wimpern sind gut geeignet.

Wenn du deine Untersuchungen abgeschlossen hast, teile sie doch mit uns, Schicke uns dazu deine Aufzeichnungen. Wir werden sie in unserer Digital Community veröffentlichen. Auch die Autorin wird sie lesen und, wenn du magst, mit dir in einem Onlinemeeting besprechen.

Anleitung

Hier könnt ihr euch ein Video anschauen, in dem die Autorin erklärt und zeigt wie man ein Präparat mikroskopiert.

Wie mikroskopierst du am besten.

Bitte scannen

Was will ich mikroskopieren?
Wasser vom Heuaufguss

Was interessiert mich, was erwarte ich?
Was gibt es denn da für Tierchen im Heu oder was bildet sich?

Welche Materialien brauche ich dazu?
Heuaufguss
Pipette/Löffel
Petrischale/Objektträger

Welche Schwierigkeiten hatte ich und wie habe ich sie gelöst?
Anfangs zu viel Wasser genommen

Was habe ich beobachtet?

Hat sich meine Erwartung bestätigt?
Viel mehr Tiere als erwartet

Haben sich neue Fragen ergeben?
Gras/Heu von verschiedenen Orten ausprobieren, z. B. Gras aus dem Garten, dem Wäldchen und vom Schulweg …

Adresse: digital-community@sophie-verlag.net
Was du verschicken musst:

- Forschungsprotokoll (in einem Worddokument oder ein Foto deines Notizbuchs)
- Foto der Objektträger
- Foto oder Scan der Zeichnungen deiner Beobachtungen unter dem Mikroskop

Was ist die Digital Community des Sophie Verlags? Der Sophie Verlag begleitet die Entwicklung seines Programms mit dem Aufbau einer Digital Community, in der die Begegnung und der interaktive Austausch unserer LeserInnen sowie aller Interessierten mit unseren AutorInnen und IllustratorInnen ermöglicht werden.

GLOSSAR

Diese Mikroorganismen (Mikroben) wirst du in diesem Buch kennenlernen:

Algen: Algen leben im Wasser und betreiben Fotosynthese

- Chlorellaalge
- Grünalge
- Kieselalge
- Mondalge
- Sonnentierchen
- Zackenrädchen

Bakterien: Einzellige Lebewesen, deren Zellkern frei in der Zelle liegt

- Blaualge
- Borrelie
- Cholerabakterie
- Cyanobakterie
- E. Coli-Bakterie
- *Lactobacillus delbrueckii*
- *Streptococcus mutans*
- *Streptococcus thermophilus*

Kleine Mitbewohner: Tierchen von Mikrometer- bis Zentimetergröße, die in unserem Garten, unserem Haus oder sogar auf uns leben

- Bettwanze
- Dörrobstmotte
- Hausstaubmilbe
- Kleidermotte
- Kakerlake
- Kellerassel
- Mistkäfer
- Ohrenkneifer
- Pseudoskorpion
- Reiskäfer
- Rote Samtmilbe
- Silberfisch
- Steinläufer
- Zecke
- Zombiameise

Pilze: Pilze sind weder Pflanzen noch Tiere, sie betreiben keine Fotosynthese

- *Candida krusei*
- Fußpilz
- Hefe
- *Penicillium candidum*
- *Penicillium nalgiovense*
- *Penicillium roqueforti*
- Schimmelpilz

Plankton: Kleinsttiere, die in Gewässern und/oder im feuchten Boden leben

- Amöbe
- Fadenwurm
- Glockentierchen
- Hüpferling
- Hydra
- Pantoffeltierchen
- Rädertierchen
- Wasserfloh

Viren: Einzellige organische Gebilde, die sich von fremden Zellen vermehren lassen

- Bakteriophage
- Coronavirus
- Ebolavirus
- Gurkenmosaikvirus
- HI-Virus
- Marburgvirus
- Pockenvirus
- SARS-CoV-2

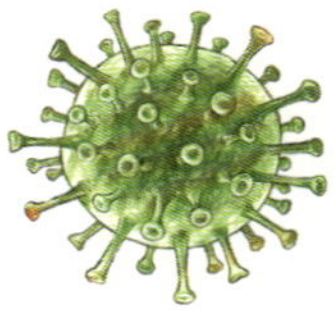